AF314681

BIBLIOTHÈQUE

Economique.

TOME III.

HISTOIRE
ANCIENNE.

LIVRE PREMIER.

Monarchie des Égyptiens.

Il n'est pas facile de fixer l'époque du commencement de la monarchie égyptienne. Varron, un des plus grands génies et le plus savant des Romains du siècle d'Auguste, ayant examiné tous les monumens que l'antiquité offrait à l'histoire, disait que depuis le commencement du monde jusqu'au premier déluge, tout était sous le voile de l'ignorance; que depuis ce déluge jusqu'à la première olympiade, presque tout était défiguré par les fables; mais que depuis la première olympiade (qui précède la fondation de Rome d'environ vingt-trois ans), est venu le temps de l'histoire, parce que les faits ont été mieux constatés et scellés du sceau de la vérité.

Les traditions qui nous restent de l'Égypte, peuvent faire croire que le peuple qui habitait ce pays a connu très-anciennement les règles du gouvernement.

La régence était confiée à trente juges, tirés des principales villes. Le roi leur assignait certains revenus, afin qu'affranchis des embarras domestiques, ils consacrassent tout leur temps au bien de l'État, et il leur faisait jurer de ne pas lui obéir, s'il ordonnait quelque chose qui fût contre l'équité. Ils rendaient eux-mêmes la justice. Le président portait un collier d'or et de pierres précieuses, d'où pendait une figure sans yeux, qu'on appelait *vérité*. Quand il la prenait, c'était le signal pour commencer la séance, et lorsqu'il voulait prononcer la sentence définitive, il appliquait cette figure au parti qui devait gagner la cause.

Les Égyptiens avaient coutume d'embaumer les morts, afin de les conserver plus long-temps ; mais il n'était pas permis de leur donner des louanges, sans qu'ils eussent subi auparavant un jugement public. Aussitôt qu'un homme cessait de vivre, l'accusateur public était entendu ; s'il prouvait que la conduite du mort eût été mauvaise, on en condamnait la mémoire, et il était privé de la sépulture. S'il n'était couvaincu d'aucune faute essentielle, on l'ensevelissait honorablement, et on prononçait son panégyrique. Cette coutume de juger les morts s'étendait jusqu'aux rois.

Chez les Égyptiens, le meurtre volontaire et le parjure étaient punis de mort. Quiconque avait pu sauver un homme des mains des meurtriers était puni de mort s'il ne l'avait pas fait, et la ville la plus proche du lieu où se trouvait le cadavre était obligée de lui faire des obsèques convenables.

L'utilité que le fleuve du Nil apportait à l'Égypte le fit prendre pour un des premiers dieux de ce pays, et les fêtes instituées en son honneur se célébraient avec la plus grande solennité. Le phénomène le plus remarquable que présente le Nil est son débordement. Lorsqu'il ne monte qu'à seize degrés, on craint la famine; c'est une bonne année lorsqu'il monte à vingt-trois degrés; plus haut, l'inondation peut être dangereuse. Dans un pays où il ne pleut presque jamais, ce fleuve, en couvrant les terres, les engraisse et les rend fertiles par le limon qu'il y dépose.

Menès, qui régnait, comme on le suppose, deux mille cent quatre-vingt-huit ans avant Jésus-Christ, est le plus ancien roi d'Égypte dont on ait conservé la mémoire. Ce fut lui qui fit bâtir Memphis.

Ce roi eut pour successeur Busiris, qui fonda la fameuse ville de Thèbes, dont les cent portes ont été immortalisées par Homère. Busiris y établit le siége de l'empire.

On a coutume de citer ensuite Osymandias; mais les temps des premiers rois d'Égypte sont si incertains, que plusieurs auteurs ont paru croire qu'Osymandias n'était autre chose que le soleil personnifié sous le nom du *roi des rois*, comme on peut le voir par l'inscription suivante gravée sur son tombeau :

Je suis Osymandias, roi des rois : si quelqu'un veut savoir quel je suis et où je repose, qu'il détruise quelques-uns de mes ouvrages.

Uchoréus, un des successeurs d'Osymandias, ayant accru la ville de Memphis, quelques auteurs ont pensé qu'il l'avait bâtie entièrement.

L'Égypte compte encore Mœris au nombre de ses rois. C'est ce prince qui fit construire ce lac si célèbre qui portait son nom, et qu'on avait creusé pour recevoir les eaux du Nil, lorsque ce fleuve menaçait d'un trop grand débordement. Si l'on s'en rapporte aux anciens historiens, ce lac avait environ cent quatre-vingts lieues de tour; mais les modernes ont beaucoup diminué cette estimation. Du milieu de ce lac on voyait s'élever deux pyramides qui supportaient un trône, où était placée une statue colossale : c'était Mœris et sa femme. La hauteur de ces deux pyramides était de trois cents pieds, et elles occupaient sous les eaux un pareil espace.

Salatis, chef d'une troupe d'étrangers arabes ou phéniciens, s'empara de Memphis, vers l'an 2082 avant notre ère. Craignant une invasion de la part des Assyriens, dont la puissance commençait à devenir redoutable, Salatis fortifia l'Égypte du côté de la frontière orientale; cependant le royaume de Thèbes subsista toujours, parce que Salatis ne put se rendre maître de la Haute - Égypte. Ces étrangers firent sentir leur domination à ce pays environ pendant deux cent soixante ans, et l'on croit que c'est sous le règne de l'un d'eux, appelé par l'Écriture *Pharaon*, qu'on vit Abraham quitter la ville d'Ur, en Chaldée, et venir habiter l'Égypte avec sa femme, nommée Sara.

Ces Arabes, connus sous le nom de *rois pasteurs*, furent chassés par Thetmosis ou Amosis, qui régna dans la Basse-Égypte. Ce fut alors, en 1728 avant Jésus-Christ, que Joseph fut conduit dans ce pays et vendu à Putiphar, officier de la cour du roi Pharaon, nom commun à tous les rois d'Égypte.

Un autre prince connu dans l'Écriture sous le nom de Pharaon, est Ramessés-Miamum, successeur d'Amosis. Il fut submergé au passage de la mer Rouge, en punition des maux dont il avait accablé les Israélites. L'un de ses deux fils lui succéda; il se nommait Aménophis.

Ce dernier est père du grand Sésostris. Aménophis se fit amener tous les enfans nés en Égypte le même jour que son fils, leur procura des nourrices et les fit élever à ses frais, en leur donnant une éducation commune. Ce prince supposait avec raison que des enfans qui auraient familièrement vécu avec son fils, dès l'âge le plus tendre, lui seraient entièrement dévoués dans la suite. Il n'épargna donc rien pour leur éducation, et les exerça à toutes sortes de travaux. On ne leur donnait point à manger qu'ils n'eussent couru cent quatre-vingts stades, qu'on peut évaluer à sept lieues et demie. Lorsque Sésostris fut un peu plus avancé en âge, son père lui fit faire son apprentissage par une guerre contre les Arabes. Ce jeune prince, aidé de ses soldats invincibles par la force du corps et la patience de l'âme, soumit cette nation, regardée jusqu'alors comme indomptable. Sésostris tourna ensuite ses armes vers l'occident de l'Égypte. Il subjugua la plus grande partie de la Libye; enfin, son père étant mort, le nouveau monarque monta sur le trône, avec le projet de conquérir le monde entier.

Sésostris soumit toute l'Égypte, qu'il réunit au royaume de Thèbes; porta ses armes dans l'Éthiopie, qu'il rendit tributaire; pénétra dans l'Asie et dans les Indes plus loin que ne le fit dans la suite Alexandre, puisqu'il conquit les pays au-delà du Gange. Les Scythes obéirent jusqu'au Tanaïs; l'Arménie et la Cappadoce reconnurent ses lois. La difficulté des vivres l'empêcha de pénétrer au-delà du Danube; mais neuf ans après il revint en Europe, chargé des dépouilles de tous les peuples vaincus.

Devenu aveugle dans sa vieillesse, Sésostris, qui avait régné trente-trois ans avec gloire, se donna la mort, et laissa, en 1457, le gouvernement de l'Égypte à Phéron, qui ne répondit pas à ce que l'on attendait du successeur de ce grand homme. Le frère de

Sésostris, que les Grecs appelèrent Danaüs, ayant inutilement tendu des embûches à ce prince, dans le dessein de le faire périr, se réfugia en Grèce, et s'empara, en 1450, du royaume d'Argos, fondé près de quatre cents ans auparavant par Inachus, dans le Péloponèse.

Quand on donnerait cinquante ans au règne de Phéron, dit Rollin, il resterait encore plus de deux cents ans entre Phéron et Prothée, qu'Hérodote dit avoir succédé immédiatement au premier, puisque Prothée était du temps du siége de Troie, dont Ussérius met la prise en 2820. « Je ne sais pas, ajoute notre auteur, si c'est parce qu'il a senti cette difficulté, que, depuis Sésostris, il ne parle presque plus des rois d'Égypte. Je suppose qu'entre Phéron et Prothée, il y a eu un grand vide et un long intervalle. »

Du temps de ce roi, Pâris, ravisseur d'Hélène, ayant été poussé par la tempête vers une des embouchures du

Nil, fut conduit à Memphis; et là, Prothée, après lui avoir reproché son crime, retint, dit-on, Hélène, et la remit entre les mains de son époux, Ménélas.

On sait peu de chose sur Rhampsinit, qui vint ensuite, et qui passe, dans l'histoire vraie ou fausse de ce temps, pour avoir été l'un des rois les plus riches de l'Égypte.

Les deux frères Chéops et Chéphren régnèrent ensemble : le premier, cinquante années; l'autre, cinquante-six ans. On dit qu'ils furent impies et cruels, fermèrent les temples des dieux et abolirent les sacrifices.

Mycérinus, qui succéda aux deux frères, passe au contraire pour un roi très-pieux. Il rétablit les sacrifices et fut un bon prince; mais malheureusement il ne régna pas long-temps.

Hérodote et quelques historiens de son temps prétendent que la construction des pyramides est due à ces trois monarques, dont elles portent en effet le nom. La hauteur de la grande pyramide, à laquelle six cent mille hommes ont travaillé, dit-on, pendant vingt ans, est de quatre cent quarante-huit pieds, plus du double de l'élévation des tours de Notre-Dame; sa base est de sept cent vingt - huit pieds. On nomme cette pyramide le *Chéops*. La hauteur de la seconde pyramide, le *Chéphren*, est de trois cent quatre-vingt - dix - huit pieds; sa base de six cent cinquante - cinq. La troisième pyramide, le *Mycérinus*, a cent soixante - deux pieds d'élévation et deux cent quatre - vingts de base. Cette merveille du monde était recouverte avec une espèce de marbre. Le revêtement du *Chéops* existait encore en partie vers le milieu du siècle d'Auguste; et, de nos jours, on en trouve des fragmens à l'entour. Le revêtement du *Mycérinus* est, en grande partie, développé actuellement autour de sa base.

Asychis ou Orsychis monta sur le

trône après Mycérinus. Ce roi, étant persuadé que les emprunts sont la source des fraudes et de la chicane, rendit une ordonnance par laquelle il n'était permis d'emprunter qu'à condition d'engager le corps de son père à celui de qui on emprunterait. Celui qui mourait sans avoir retiré un gage si précieux, était privé de la sépulture.

Il existe encore ici un intervalle de trois cents ans environ, jusqu'au règne d'Anysis, ou d'Amysis l'Aveugle. Vers l'an 725 avant Jésus-Christ, Sabac ou Sabacon, Éthiopien, s'empara de son trône, et, après un règne de cinquante ans aussi heureux que paisible, il retourna dans ses États d'Éthiopie, cédant à des avertissemens qu'il crut divins.

Le royaume abandonné tomba entre les mains de Séthon, prêtre de Vulcain, prince religieux, mais peu guerrier. Tharaca lui succéda.

Après ce dernier roi, on trouve une espèce d'anarchie. En 685, on voit douze rois choisis par le peuple, qui partagent entre eux le gouvernement du royaume. On dit que c'est sous ce règne, et par leur ordre, que fut élevé ce fameux labyrinthe, ouvrage comparable aux pyramides, suivant Strabon, plus extraordinaire même, suivant Hérodote. L'édifice entier était composé de deux étages, l'un supérieur, l'autre souterrain, et chacun contenait quinze cents appartemens. Douze palais étaient placés de distance en distance. Aucune espèce de bois n'avait été employée dans l'érection de cet édifice, construit et couvert en marbre. Une fois entré, il était impossible d'en sortir sans le secours d'un guide qui en sût parfaitement les détours; et plusieurs bâtimens, réservés sans doute aux initiations, étaient disposés de manière, qu'en ouvrant les portes, on entendait à l'intérieur un bruit semblable à celui du tonnerre.

Les douze rois vivaient dans une union parfaite depuis quinze années environ, lorsque l'oracle prédit que celui qui offrirait à Vulcain des libations dans un vase d'airain, serait le maître de l'Égypte. Or, il arriva que, dans un sacrifice solennel, les prêtres de Vulcain ayant présenté à ces rois des coupes d'or pour faire des libations, il s'en trouva une de moins. Psammétique alors, sans aucun dessein prémédité, se servit de son casque d'airain, et accomplit ainsi la prédiction de l'oracle. Les autres rois, pour détourner le malheur qui les menaçait, reléguèrent Psammétique dans les marais de l'Égypte ; mais celui-ci, quelques années après, secouru des Grecs et de plusieurs provinces, vint attaquer les onze rois, les défit, et régna seul, l'an 670 avant Jésus-Christ.

Ce prince gouverna heureusement et se rendit redoutable à ses ennemis. Il fit le siége d'Azoth, une des principales villes de la Palestine, et la prit après un siége de vingt-neuf ans. C'est le plus long siége dont l'histoire fasse mention.

Psammétique, en mourant, laissa le royaume à son fils Néchao. Le nouveau roi fit d'abord éprouver à ses voisins la supériorité de ses armes; mais il fut ensuite vaincu par Nabuchodonosor, fils de Nabopolassar, roi de Babylone, et, après un règne de seize ans, il fut remplacé sur le trône par son fils, Psamnis, qui mourut au bout de six ans.

Apriès, fils et successeur de Psamnis, ne gouverna pas long-temps le royaume de son père; car ses sujets s'étant révoltés contre lui, il fut impitoyablement étranglé, et l'administration de l'Égypte, aussi bien que le titre de roi, furent déférés à Amasis, officier d'une basse naissance.

Amasis avait à peine ceint le diadème, qu'il tomba dans le mépris de ses sujets; mais bientôt il vint à bout de gagner son peuple, par une adresse d'esprit merveilleuse. Il avait un bassin d'or dans lequel ses convives et lui se lavaient les pieds avant que de se

mettre à table. On fondit, par son ordre, et un habile artiste changea le bassin en une magnifique statue, qui représentait un des dieux de l'Égypte. On érige un superbe temple à l'idole, on accourt en foule se prosterner aux pieds de la divinité nouvelle, et on lui fait à l'envi les plus riches offrandes. Amasis, informé du succès de sa ruse, fait assembler le peuple, et revêtu des ornemens royaux : « Égyptiens,
« leur dit - il avec majesté, ce dieu,
« l'objet de votre culte, servait il y a
« quelque temps à me laver les pieds,
« et, placé dans un coin de mon palais,
« il n'était connu que par son usage; il
« n'a pas changé de matière, mais
« seulement de forme, et c'est cette
« nouvelle forme qui attire aujour-
« d'hui vos adorations et vos hom-
« mages. Égyptiens, voyez en moi une
« semblable métamorphose : je n'étais
« autrefois qu'un homme du peuple,
« ignoré, inconnu comme mes pères ;
« aujourd'hui je suis votre maître et

« votre roi ; rendez-moi donc l'hon-
« neur et le respect qui sont dus à vo-
« tre souverain. » Depuis ce moment,
Amasis devint l'objet de la vénération
de l'Égypte entière. Ce fut sous le
règne de ce prince que Pythagore
vint puiser dans ce pays sa doctrine
de la métempsycose. L'Égypte alors,
si l'on en croit Hérodote, comptait
vingt mille villes habitées.

Psammenite succéda à son père Amasis, mais il eut la douleur de se voir
enlever le royaume et la vie. En effet
l'Égypte, après avoir conservé son indépendance seize cents ans environ,
devint, sous le règne de Psammenite,
la proie de Cambyse, le prince le plus
destructeur qui ait jamais existé. Le
stratagême dont il usa pour commencer
la conquête de ce pays est tout-à-fait extraordinaire. Voyant qu'il ne pouvait
pénétrer en Égypte qu'en se rendant
maître de Péluse, il plaça au premier
rang de son armée des chats, des chiens,
des brebis et autres animaux que les

Égyptiens regardaient comme sacrés.
Ces peuples n'osèrent tirer sur leurs
dieux, et Cambyse, profitant de la
ruse, entra dans Péluse sans coup
férir, et fut bientôt maître du reste du
pays. Arrivé à Memphis, ce prince fit
massacrer les prêtres du dieu Apis, et
tua cet animal d'un coup de poignard,
indigné qu'un veau fût l'objet du culte
de ces peuples, qui n'adoraient pourtant
dans le dieu Apis que le taureau des
constellations où entrait le soleil à l'é-
poque du labourage.

Cependant Psammenite, après la prise de sa capitale, que Cambyse avait
livrée au pillage, voyant les soldats du
vainqueur courir çà et là, demanda au
roi ce qu'ils faisaient. « Ils pillent votre
ville et vos biens, répondit Cambyse. —
Vous vous trompez, répliqua Psammenite, il n'y a plus rien ici à moi : tout est
à vous par le droit de la guerre. » Cette
réflexion frappa Cambyse, qui fit aussitôt cesser le pillage ; mais il ordonna
la mort de Psammenite. Ce malheureux

monarque fut exposé sur la place publique, et le vainqueur fit passer devant lui sa femme et ses enfans chargés de chaînes et habillés en esclaves. A ce spectacle, l'infortuné monarque baissa les yeux et ne proféra aucune parole ; mais, ayant vu passer un de ses amis, également enchaîné, il versa un torrent de larmes. Cambyse lui demanda pourquoi, ayant paru insensible à la captivité de sa famille, il s'attendrissait sur le sort de ce prisonnier. « Ah ! lui répondit Psammenite, les malheurs de mon épouse et de mes enfans sont trop grands pour être pleurés, et je n'ai trouvé des larmes que pour pleurer ceux de cet ancien ami. »

En ce prince finit, l'an 529 environ avant Jésus-Christ, la suite des rois d'Égypte. Depuis, l'histoire de ce pays se confondit avec celle des Perses et des Grecs, jusqu'à la mort d'Alexandre le Grand. Alors, comme nous le verrons plus tard, s'éleva une nouvelle monarchie d'Égypte, fondée par Ptolomée Soter, fils de Lagus, lieutenant d'Alexandre, et gouverneur de l'É-gypte; laquelle monarchie se continua jusqu'à Cléopâtre. Ce dernier espace fut d'environ trois cents ans. Octave, vain-queur d'Antoine, fit ensuite de l'Égypte une province romaine, et la famille des Ptolomées s'éteignit en la personne de Cléopâtre. Enfin, après beaucoup d'autres révolutions arrivées en Égyp-te, ce pays passa, en 1517, sous la do-mination des Turcs, qui en sont encore aujourd'hui possesseurs.

La religion des anciens Égyptiens n'était ni barbare ni insensée, comme on s'est tant plu à l'écrire et à le répé-ter. Le respect que ce peuple professait pour certaines plantes et plusieurs ani-maux, était fondé sur la connaissance des phénomènes de la physique du monde. Leur religion, loin de présenter une adoration absurde et grossière, supposait au contraire des études ap-profondies sur la nature et les facultés des animaux, sur les propriétés des plantes et des corps inanimés.

Ce pays, déchu de sa grandeur et de sa gloire, resterait ignoré dans l'histoire moderne sans les débris précieux des monumens et des merveilles qu'il offrit autrefois à l'admiration, et dont les restes éloquens attestent encore le rang qu'il occupait parmi les autres États.

LIVRE DEUXIÈME.

Empire des Babyloniens et des Assyriens.

L'empire des Assyriens, qui devint dans la suite si célèbre, n'était d'abord que la réunion de trois petites provinces d'Asie, savoir : l'Assyrie, à l'est du Tigre ; la Chaldée, au sud de l'Euphrate ; et la Mésopotamie, dont le nom signifie *milieu entre deux fleuves,* parce qu'en effet elle était située entre l'Euphrate à l'ouest, et le Tigre à l'est. On remarquait dans la Chaldée Babylone, sur l'Euphrate ; et dans la Mésopotamie, Ninive, sur le Tigre.

Les arts florissaient de temps immémorial en Assyrie et à Babylone ; le luxe, la mollesse et la débauche, y régnèrent également. Comme presque tous les autres peuples, ils adoraient des idoles, les astres et le feu, auquel ils immolaient des enfans. Leur principale divinité était *Bélus* ou *Bel,* ou enfin *Baal,* qui, en hébreu, signifie *seigneur.* On prétend cependant que les prêtres reconnaissaient un Dieu suprême, mais qu'ils ne communiquaient leur doctrine secrète à aucun homme du peuple.

Nous avons très-peu de choses certaines touchant les premiers temps de l'empire des Assyriens ; si l'on en croit les auteurs qui ont écrit cette histoire, on peut donner à l'empire d'Assyrie la même antiquité qu'à la ville de Babylone, qui en était la capitale, et qui, deux mille deux cent quatre ans avant notre ère, fut fondée par Nembrod, chasseur fameux, et qui s'était associé un grand nombre de jeunes gens également infatigables et habiles à manier l'arc. Le goût de la chasse disposa Nembrod au goût de la guerre : au plaisir de régner dans les forêts, succéda la passion de régner sur les hommes, et d'un chasseur en fit un conquérant.

Le règne de ce premier monarque fut de soixante-cinq ans. Il gouverna avec sagesse, et ses grandes qualités imprimèrent dans le cœur de ses sujets tant de vénération, qu'on oublia son usurpation et qu'on lui éleva des statues après sa mort.

Ninus, fils et successeur de Nembrod, avait pris, sous les étendards de son père, trop de goût aux conquêtes, pour se borner à ses États héréditaires. Il en recula les limites jusqu'aux rivages du fleuve Inde. L'Assyrie fut le premier objet de son ambition. Assur avait donné son nom à cette région. Chassé de Babylone par Nembrod, il s'était établi au-delà du Tigre, et avait bâti sur le bord oriental de ce fleuve une très-grande ville nommée *Ninive*, d'un mot hébreu qui signifie *la belle*. Il s'était persuadé qu'un fleuve aussi considérable que le Tigre, lui servirait de barrières et de remparts contre les entreprises des Babyloniens. Avec le temps il reconnut son erreur. L'ambition de Ninus trouva le secret de passer le Tigre : il assiégea Ninive et la força de lui ouvrir ses portes. La situation de cette belle et grande ville, et les avantages qu'il en pouvait tirer pour étendre ses conquêtes, le déterminèrent à en faire la capitale de ses États et le centre de l'empire. Il l'agrandit et l'embellit de manière qu'il mérita d'en être regardé comme le fondateur. Le rapport de son nom avec celui de la ville, est ce qui a porté bien des historiens à lui en faire honneur.

Ninus sentait croître en lui l'envie de conquérir, à mesure qu'il étendait sa domination. Sorti de Ninive, il tourna ses armes vers l'Orient. Médie, Parthie, Hircanie, Margiane, tout, jusqu'au fleuve Oxus, rendit hommage à sa puissance. Mais il rencontra dans Bactriane un rival formidable : c'était

le fameux Zoroastre, grand capitaine
et célèbre magicien, à qui le double
art de la guerre et de la magie avait acquis de vastes États. Zoroastre, à la
tête de ses troupes victorieuses, s'a-
vança fièrement contre Ninus et lui
livra bataille. Il ne paraît pas que sa
magie lui fût alors d'un grand secours :
sa valeur le servit mieux ; elle disputa
long-temps la victoire et l'empire au
héros de Babylone. Enfin, soit qu'il
alla cacher la honte de sa défaite dans
quelque désert, soit qu'il périt dans le
combat, il ne fut plus question de
Zoroastre.

Le détail des autres exploits de Ninus n'est point venu jusqu'à nous. Il
avait épousé l'illustre Sémiramis et en
avait un fils nommé Ninias. Il régna
cinquante-deux ans ; et l'on dit que la
reine, possédée de la passion de régner
à sa place, avança ses jours.

Sémiramis, après la mort de Ninus,
son mari, prit en main les rênes du
gouvernement de l'empire, et ne lui

laissa point sentir la perte qu'il avait faite. C'est la première femme que l'on sache qui ait gouverné une monarchie ; mais son règne fit tant d'honneur à son sexe, qu'elle ne mérita pas d'être la dernière. Elle était toujours habillée en amazone, et avait l'air, le port, la force et le courage d'un héros. Souvent les étrangers s'y méprirent, et la méprise ne lui déplaisait pas. Elle conduisait elle-même ses troupes à l'ennemi, et l'enfonçait avec intrépidité. Elle ajouta aux conquêtes de Nembrod et de Ninus la Perse, l'Égypte, la Libye, et porta la gloire de ses armes au-delà de l'Inde. Elle y reçut un échec qui l'obligea de repasser ce fleuve avec précipitation, et de le donner pour limite à ses États, du côté de l'orient.

Retournée à Ninive, elle n'en goûta pas le séjour. Celui de Babylone lui parut mériter la préférence : elle en reprit la route, résolue de l'agrandir et de l'embellir, au point d'effacer Ninive et d'y fixer sa demeure. On entreprit, par ses ordres, des travaux immenses, qui ont fait l'admiration des siècles suivans. La magnificence de ses jardins suspendus en l'air, au moyen de différens ordres d'arcades et de voûtes qui les soutenaient; les superbes édifices de son vaste palais; la nouvelle enceinte de la ville, ses rues larges percées en lignes droites, et bien bâties, ont immortalisé son nom, et l'ont porté au-delà de leur durée. Tout cela n'est plus, et l'on sait encore que c'était l'ouvrage de Sémiramis.

On prétend que Ninias, son fils, frappé de l'horreur du crime auquel elle le sollicitait, lui donna la mort, après un règne de quarante-deux ans. Ses sujets, dont elle avait fait la gloire et le bonheur pendant son règne, lui érigèrent une statue, et l'honorèrent, après sa mort, comme une déesse.

Ninias, monté sur le trône de ses pères, le déshonora. Sa mère, avide de régner, l'avait fait élever au milieu des femmes, afin que l'attrait du plaisir et le goût d'une vie voluptueuse lui ôtassent la volonté et le pouvoir de gouverner par lui-même. Cette mauvaise politique eut sur Ninias plus d'effet que n'en attendait sa mère. Ce prince, issu d'un héros et d'une héroïne, ne fut qu'un efféminé. Toujours enfermé dans son palais avec ses maîtresses, il ne se laissait point voir à ses sujets. On n'avait de part à ses faveurs qu'autant que l'on en avait à ses débauches. Le premier mérite auprès de lui, consistait dans l'art de l'amuser agréablement. On ne sait pas combien vécut ce voluptueux monarque; mais on sait qu'il fut long-temps roi, et qu'il ne régna jamais.

Quelque déshonorant que fût le règne de Ninias, il eut des charmes pour ses successeurs. L'exemple du vice est communément plus puissant sur le cœur de l'homme que celui de la vertu. L'empire de Babylone était assez étendu pour contenter l'ambition de ses monarques, et assez riche pour entretenir leur luxe. Les fondateurs avaient acquis, les héritiers voulurent jouir. Leur règne, jusqu'à la trentième génération, fut celui de la mollesse et des vices; c'est tout ce qu'on en peut dire.

Les peuples d'Asie, las et honteux d'obéir à des maîtres plus faibles que des femmes, en secouèrent le joug, et se donnèrent des rois plus dignes de les commander. Ces démembremens resserrèrent l'empire de Babylone dans les bornes d'un petit royaume. Néanmoins, depuis Amraphel jusqu'à Sardanapale, dernier des rois des Babyloniens de cette dynastie, aucun n'a illustré sa mémoire. Les noms mêmes de ces voluptueux fainéans, si dignes du mépris, et plus encore de l'oubli des hommes, ont disparu, ou ne sont entrés dans l'histoire qu'avec une confusion et des variations qui les rendent méconnaissables. Ils n'y ont rien perdu, et Sardanapale aurait beaucoup gagné à n'être pas plus connu.

Sa mollesse lui suscita des ennemis parmi ses sujets. Les premiers officiers de l'empire aspirèrent au trône, comme à une place vacante, et s'accordèrent à le partager. Arbace, gouverneur de Médie, *indigné*, disait-il, *de voir tant d'hommes obéir à un pourceau*, leva l'étendard de la révolte. Nabonassar et Phul se joignirent à lui. Avec une partie des troupes de Sardanapale, ils défirent l'autre. Ils assiégèrent et prirent Ninive, où ce monarque faisait alors sa résidence.

A la première nouvelle de la prise de sa capitale, ce prince, qui ne savait que manier le fuseau, se crut perdu sans ressource. Il entra dans le désespoir ; et, au milieu de ses transports, il fit allumer un grand bûcher dans son palais, y fit précipiter ses eunuques, ses femmes, et enfin, se condamnant au même supplice, il s'y jeta lui-même.

La monarchie ne périt point avec lui; mais elle fut démembrée, et passa à des étrangers. Il y avait quatorze cent soixante et deux ans que subsistait cet empire. Les souverains tenaient leur cour, tantôt à Babylone, tantôt à Ninive, selon leur goût.

Après la mort de Sardanapale, l'État changea de face, et fut partagé aux trois chefs conjurés. Arbace rendit la liberté à la Médie, sa patrie, et s'en fit couronner roi. Nabonassar, seigneur babylonien, fut reconnu roi de Babylone

Tandis qu'Arbace régnait en Médie, et Nabonassar à Babylone, Phul, resté maître de l'Assyrie et de la Mésopotamie, ranimait la valeur de ses troupes, amortie par la mollesse des règnes précédens. Dès qu'il eut rétabli parmi elles l'ordre et la vigueur de l'ancienne discipline, il pensa sérieusement à réunir à sa couronne les domaines de l'empire, qui s'en étaient séparés. Il mena son armée en Syrie, dont les rois s'étaient rendus indépendans ; il ravagea tout ce pays, et les soumit au tribut.

Théglat - Phalazar , aussi guerrier que Phul son prédécesseur, suivit son plan de réunion. Il signala les commencemens de son règne par la conquête de la Médie, qu'Arbace avait détachée de l'empire d'Assyrie. Tandis qu'il était occupé à cette expédition, le roi de Syrie, qui résidait à Damas, et le roi d'Israël, qui tenait sa cour à Samarie, le voyant si éloigné de leurs frontières, s'étaient ligués ensemble pour secouer son joug, et pour détrôner Achaz, roi de Juda, qui avait refusé d'entrer dans leur ligue. Achaz, se sentant pressé par ces rois confédérés, eut recours à Théglat. Ce prince ne se fit point attendre. Il fondit comme un aigle sur les deux rois, et, par une seule victoire qu'il remporta sur leur armée commune, il les obligea de rentrer dans leur devoir.

Théglat , en domptant ses vassaux

rebelles, avait procuré le bien de so.
État ; mais, en même temps, il avait
bien servi Achaz, et voulut être payé
de ses services. Le trésor du roi de
Juda était épuisé ; il crut pouvoir
amuser son bienfaiteur par des défaites
et de belles paroles. Théglat, qui voulait autre chose que des promesses,
entra dans le royaume de Juda, en
ravagea les villes et les campagnes, et,
se payant par ses mains, s'indemnisa
des frais de la guerre. Le royaume
d'Achaz fut soumis au tribut.

Salmanasar, successeur de Théglat,
voyant qu'Osée, roi d'Israël, faisait
semblant d'oublier qu'il était vassal et
tributaire de la couronne d'Assyrie, le
fit sommer d'acquitter ses redevances ;
Osée le refusa. Salmanasar, irrité de
sa rebellion, conduisit son armée dans
les États d'Israël, les abandonna au
pillage de ses troupes, et forma le siége
de la capitale, où le roi s'était retiré
avec l'élite de ses soldats. Il soutint
avec courage le siége pendant trois

ans ; mais enfin , la ville étant tombée au pouvoir de l'ennemi , Salmanasar la démantela , rasa toutes les autres forteresses du royaume, et, persuadé qu'un peuple si enclin à la révolte ne lui serait jamais fidèle , il prit le parti de le dépayser, le transférant en Médie , et le remplaçant par des colonies tirées de Babylone.

Sennachérib , fils de Salmanasar, marcha sur les traces de son père, et agrandit ses États par de nouvelles conquêtes. Quelque redoutable que fût pour un vassal un si puissant souverain, Ézéchias, roi de Juda, osa lui refuser le tribut accoutumé. Ce refus attira toutes les forces d'Assyrie en Judée. Sennachérib s'empara de toutes les places de Juda, et, par d'énormes exactions, il leva le tribut au centuple, et se dédommagea des frais de la course. Mais l'histoire sainte dit que Dieu envoya un ange extermina-teur qui , dans une seule nuit, tua cent quatre-vingt mille hommes de l'armée des Assyriens. Sennachérib, après ce carnage, s'enfuit dans ses États, où il fut tué, peu de temps après, par ses deux fils, qui se réfugièrent en Arménie.

Azénaphar, troisième fils de Sennachérib, monta sans difficulté sur le trône que ses deux frères aînés avaient abandonné, après leur exécrable parricide, qui les rendait odieux à tout l'empire. Il y acquit, par la sagesse de son gouvernement et par sa valeur, les surnoms de *Grand* et de *Glorieux*. Il fallait un génie supérieur pour soutenir l'empire, dans la sanglante catastrophe de l'armée assyrienne. Toutes les forces de l'État avaient péri devant Jérusalem, et la nouvelle de cette disgrâce avait servi de tocsin à tous les vassaux de la couronne, pour en secouer le joug.

Azénaphar se vit dans la nécessité de conquérir son propre État. Il leva de nouvelles troupes, se mit à leur tête, et attaqua les rebelles sans leur donner le temps de se fortifier. Ayant réduit, par la force de ses armes victorieuses, tous les peuples qui s'étaient soulevés, Azénaphar les punit, en les transférant de leur pays dans un autre, selon l'usage de ce temps-là.

Nabuchodonosor régna en Assyrie après Azénaphar. A l'ombre des lauriers de son prédécesseur, il goûtait et laissait goûter à ses sujets les fruits de la paix, tandis que la Médie lui preparait un rival formidable dans la personne d'Arphaxad. La victoire se déclara en faveur du roi d'Assyrie, qui entra dans le royaume de Médie, et enleva toutes les places de défense. Il passa ensuite l'Euphrate et ravagea tout jusqu'en Judée ; mais, s'étant fait remplacer par Holopherne, ce général fut tué par une femme nommée Judith, et ce malheur fut comme le terme des conquêtes du roi, qui dès-lors renonça à ses projets d'agrandissement. Nabuchodonosor fut surnommé le Vieux, à cause de son grand âge. Son règne fut de soixante-six ans.

Vers l'an 626 avant notre ère, Chinaladan monta sur le trône d'Assyrie, après Nabuchodonosor. Il était trop faible pour soutenir une couronne si chancelante. Cyaxare, roi des Mèdes, avait repris les armes à la première nouvelle de la défaite de l'armée assyrienne devant Béthulie, et recouvré en peu de jours ses États. Il pratiqua de secrètes intelligences avec Nabopolassar, général des troupes assyriennes; il fit briller à ses yeux l'éclat d'une couronne, et lui persuada qu'en agissant de concert, il pouvait se mettre sur la tête celle de Babylone, et partager avec lui l'empire d'Assyrie. Nabopolassar se laissa persuader, entra dans les vues du roi de Médie, et prit si bien ses mesures qu'il entraîna dans sa défection la meilleure partie des forces du roi son maître. Il en attaqua les États du côté de la Babylonie, et s'empara de Babylone même, tandis que Cyaxare conquérait la Mésopota-

mie, l'Assyrie et la Suziane. Tous deux
remportèrent de grandes victoires sur
les armées de Chinaladan ; ils l'obligè-
rent de se renfermer dans sa capitale ,
et l'y assiégèrent ensemble. Ninive se
défendit ; mais, attaquée par des forces
supérieures et sans espérance de secours , elle ne fit que de vains efforts
pour échapper à ses ennemis. Tous les
habitans furent passés au fil de l'épée
sans distinction d'âge ni de sexe. Là
ville fut ensevelie sous ses cendres , et à
peine sait-on , depuis bien des siècles ,
où était située cette immense ville , qui
se glorifiait d'être la plus belle , la plus
riche , la plus puissante du monde.
Son tombeau fut celui de son roi et de
sa monarchie. Les rois vainqueurs en
partagèrent les provinces. Cyaxare eut
tout le pays situé à l'orient du Tigre ;
et Nabopolassar , tous ceux qui étaient
à l'occident , avec le titre de roi de
Chaldée et de Babylone.

Ainsi périt le premier et le plus long
des empires du monde connu. Depuis

Nembrod jusqu'à Sardanapale, il avait duré quatorze cent soixante-deux ans, sous le titre de royaume de Babylone, dont les souverains résidaient tantôt à Ninive, tantôt à Babylone. Depuis la révolution arrivée sous Sardanapale, jusqu'à la ruine de Ninive, il avait encore duré cent soixante ans sous le titre de royaume d'Assyrie, dont Babylone a fait partie assez constamment.

Nabopolassar conservait le titre de roi des Assyriens, que ses successeurs abandonnèrent pour prendre celui de rois de Chaldée. Après la destruction de Ninive, il donna tous ses soins à l'affermissement de sa couronne, et à l'agrandissement de ses États sur les ruines de l'empire d'Assyrie. S'étant mis en possession de la Chaldée, il envoya l'un de ses généraux à la tête d'une armée pour s'assurer de la Syrie, de la Phénicie et de la Palestine. Mais ce général n'ayant pas réussi, ou, comme le disent quelques historiens, s'étant révolté, le roi donna le commandement de son armée à un autre général nommé Nabuchodonosor, et le chargea de l'exécution de ses ordres. Il s'en acquitta avec autant de prudence que de valeur. Il mit sous l'obéissance le roi des Assyriens, la Syrie, la Phénicie et une partie de la Palestine. Nabuchodonosor allait porter plus loin ses armes victorieuses, lorsqu'il apprit que l'armée égyptienne avait livré bataille à Nabopolassar et l'avait taillé en pièces.

Nabuchodonosor quitta la Syrie pour se rendre à Babylone; mais s'il arriva trop tard pour secourir son maître, il vint fort à propos pour le remplacer. Comme il avait à sa disposition les forces militaires de l'État, et qu'il ne restait plus de prince du sang royal, le roi ayant été tué par l'armée égyptienne, Nabuchodonosor monta sur le trône sans aucune opposition. L'Écriture sainte le nomme le Chaldéen, non-seulement parce qu'il était natif de Chaldée, mais encore pour le distinguer du vieux Nabuchodonosor l'Assyrien. Il fut le fondateur d'une nouvelle monarchie.

Ce monarque, surnommé le Grand à cause de ses beaux exploits, était à peine maître de la Chaldée, qu'il commença à régner. Les Mèdes d'un côté, les Égyptiens de l'autre, s'étaient enrichis des dépouilles de l'Assyrie et de Nabopolassar. Le nouveau roi de Chaldée commença sa carrière par chasser du cœur de l'État les Égyptiens, et les poursuivit jusqu'en Égypte. En passant par la Judée, il somma le roi de Jérusalem de lui faire hommage de sa couronne; et, sur le refus, il l'assiégea dans sa capitale, l'y força, et l'envoya prisonnier à Babylone avec l'élite des seigneurs de la cour. Il mit tout le royaume en contribution, et se retira à Babylone.

Nabuchodonosor subjugua toutes les nations situées entre les côtes de la Méditerranée et le Tigre, entre la mer Rouge et le golfe Persique. La Syric, la Palestine, l'Idumée, l'Arabie, tout fut ravagé et mis sous le joug. Les villes de Gaze, d'Ascalon, de Damas, de Sidon et de Tyr, furent forcées, malgré la vigueur de leur défense.

Le roi de Babylone donna le temps à son armée de prendre haleine; il la renforça par de nouvelles levées, et la conduisit en Égypte. Les Égyptiens perdirent autant de batailles qu'ils en livrèrent. Leurs places fortes furent démolies, et on les transporta dans des contrées étrangères. Toutes les richesses de ce pays furent la proie des Chaldéens. De là Nabuchodonosor étendit son empire sur la Libye, L'Abyssinie, les côtes d'Afrique et d'Espagne. Il subjugua l'Arménie, l'Hyrcanie, la Bactriane et l'Asie-Mineure.

Après tant de conquêtes, Nabuchodonosor voulut en jouir, et retourna à Babylone. Jamais cour ne fut plus brillante que la sienne. Tous ses officiers étaient rois ou fils de rois. Son palais, superbement orné, ne présentait qu'or, argent, ou marbre précieux; on aurait dit que tout le faste de l'univers y était assemblé. Son règne a été de quarante-quatre à quarante-cinq ans.

Évilméradus, son fils, lui succéda, en 562 ; mais ses débauches l'ayant bientôt rendu odieux, il fut tué par Nériglissor, son beau-frère.

L'empire passa ensuite à Balthasar, qui, jeune encore, fut élevé au sein de la volupté par des ministres qui désiraient prolonger la régence, ou du moins se rendre nécessaires au-de là de la minorité.

Balthasar majeur ne fut pas différent de Balthasar mineur. Il suivit les erreurs de son éducation, et par là précipita ses jours et la ruine de l'empire. Les Mèdes et les Perses, jugeant avec raison qu'ils auraient bientôt vaincu un monarque indolent, entrèrent dans ses États, les ravagèrent, et vinrent l'insulter jusque sous les murs de sa capitale. Cyrus lui offrit de décider entre eux deux de l'empire de l'Asie, dans un combat singulier. Balthasar rejeta bien loin cette proposition ; la partie n'aurait point été égale. Cyrus, ne pouvant attirer son ennemi dans un combat singulier, et ne se sentant pas assez fort pour assiéger Babylone, se retira, et alla augmenter son armée par de nouvelles levées.

Cependant la cour de Babylone, insultée jusque dans sa capitale, se réveilla de son assoupissement, et pensa sérieusement à donner des bornes à l'ambition des Mèdes et des Perses. Elle inspira contre eux tant d'ombrage aux puissances de l'Asie, que toutes se liguèrent avec les Babyloniens.

Babylone, ville la plus forte qui fût alors au monde, passait pour imprenable. Nitocris l'avait mise en état de ne rien craindre ; le roi y avait fait entrer son armée et des vivres pour plusieurs années. Les citoyens, joints aux troupes réglées, lui offraient un

nombre de défenseurs supérieur à celui des assaillans. Elle méprisait les
forces de ses ennemis, elle devait en
craindre la ruse. Cyrus n'ignorait pas
les avantages de la place assiégée, et,
tout bien examiné, il désespéra de
l'emporter par la force; mais il se
persuada que la famine avec le temps,
ou quelque stratagême, l'en rendrait
maître.

Il s'en présenta un qu'il goûta fort :
ce fut de détourner le cours des eaux
de l'Euphrate, et d'entrer dans la ville
par son canal sablonneux. Il employa
toute son infanterie et quantité d'autres
travailleurs à creuser à ce fleuve un
nouveau lit au-dessus de la ville. Les
Babyloniens, étonnés de ce prodigieux
remuement de terres, n'en pénétraient
point les vues. Ils s'imaginèrent que
l'ennemi ne pensait qu'à se retrancher
ou à couper les vivres. Les travailleurs
mêmes ignoraient la destination de
leur ouvrage, et cependant ils l'ame-
naient à sa perfection. Déjà les eaux,

détournées dans le nouveau canal, avaient laissé l'ancien lit à sec ; et les Babyloniens, en pleine sécurité, célébraient une grande fête par les jeux, les danses et les festins. La débauche fut générale.

Sur ces entrefaites, Cyrus introduit ses troupes dans la ville par l'ancien canal de l'Euphrate. Divers détachemens s'emparent des postes importans. L'avant-garde marche droit au palais, tuant tout ce qui se présente. La ville et la cour, plongées dans le vin et dans le sommeil de la nuit, ne firent point de résistance. Les officiers de la garde du roi, prenant le bruit qu'ils entendaient pour une émeute populaire, font ouvrir les portes du palais pour savoir de quoi il est question. Gadata et Gabrias, deux chefs des assiégeans, s'en saisissent, font main basse sur tout ce qu'ils rencontrent, et sur la garde du roi ; ils pénètrent dans son appartement, où, le trouvant armé de son épée, ils l'étendent mort à leurs pieds.

La ville était en même temps dans la confusion. Les assiégeans en inondaient les rues, et passaient au fil de l'épée tout ce qui sortait des maisons; mais dès qu'on eut appris que le roi avait été tué, et que toute l'armée ennemie remplissait la ville, les gouverneurs des forts les livrèrent au vainqueur. Alors Cyrus fit cesser le carnage, désarma toute la ville, et prit des gardes pour la sûreté de sa personne. Il retint auprès de lui tous les Perses, et renvoya au roi Cyaxare II toute l'armée des Mèdes. En Balthasar finit la race des rois chaldéens, et avec lui la monarchie du grand Nabuchodonosor.

Si l'on en croit Hérodote, Nitocris, mère de Balthasar, avait fait placer le tombeau de ce prince au-dessus d'une des portes les plus remarquables de Babylone, avec une inscription qui avertissait ses successeurs de ne point toucher, sans une nécessité indispensable, aux richesses qu'il renfermait.

Ce tombeau fut ouvert dans la suite par Darius, fils d'Hystaspe, qui, au lieu de trésors, n'y trouva que cette autre inscription : « Si tu n'étais insatiable d'argent, et dévoré par une basse avarice, tu n'aurais pas troublé les cendres des morts. »

LIVRE TROISIÈME.

Empire des Mèdes et des Perses.

La monarchie fondée par Nabopolassar, et qui avait subsisté quatre-vingt-douze ans, devint, après la mort de Balthasar, la proie des Mèdes et des Perses.

La Médie, grand pays situé au midi de la mer Caspienne, faisait partie de l'ancien empire de Babylone. Arbace, seigneur mède, ayant formé, avec les grands, une conjuration contre Sardanapale, ôta la vie à ce prince efféminé, et ils se partagèrent ses États comme nous l'avons déjà dit. Le crime d'Arbace lui valut la liberté de sa patrie. Les Mèdes, jaloux du recouvrement d'un si grand bien, ne voulurent plus de rois; mais l'anarchie leur devint funeste. Ils furent en proie aux guerres intestines. Ils pouvaient se donner un roi de leur nation, ils se virent forcés d'en recevoir un étranger. Celui d'Assyrie les mit sous le joug, et ils le portèrent jusqu'à la mort de Sennachérib.

Enfin, convaincus par leur propre expérience que sans chef ils ne pouvaient ni recouvrer ni maintenir leur liberté, ils se choisirent un roi. Déjocès, fils de Phraote, leur parut le plus digne de leurs suffrages. Ses grands talens, sa probité, son équité, son désintéressement, lui avaient acquis l'estime et l'amour de la nation. Les Mèdes le forcèrent, pour ainsi dire, d'accepter la couronne, et jamais il n'en parut plus digne qu'en la portant. Il mit l'agriculture en honneur, ainsi que les arts utiles au bien de la société, et il y attacha des récompenses et des priviléges. Il ne prenait d'autorité sur son peuple que celle d'un père de famille sur ses enfans. Son règne fut long sans le paraître. L'an 710 avant Jésus-Christ, il avait accepté la couronne; il la transmit, en 657, à Phraote, son fils, après avoir régné cinquante-trois ans, avec autant de courage que de gloire.

Ce prince, non moins vaillant que son père, soumit les Perses, et entreprit la conquête de l'empire d'Assyrie, qui donnait des bornes à ses vastes projets. Nabuchodonosor l'Assyrien occupait alors le trône de cette florissante monarchie. Étonné du rapide progrès des Mèdes, et plus encore de leur entrée en Mésopotamie, il assembla une nombreuse armée et marcha contre eux. Les deux rois avaient une égale ardeur d'en venir aux mains, et furent charmés de se rencontrer dans une vaste plaine. Dès qu'ils furent à portée du trait, ils commencèrent à se charger. Les Mèdes étaient plus exercés à lancer le javelot, et les Assyriens maniaient mieux l'épée. Ces derniers s'élancèrent avec furie sur l'ennemi et le rompirent. Le carnage fut grand; les Mèdes se débandèrent. Ils furent poursuivis l'épée dans les reins jusqu'en Médie. Phraote fut pris et mis à mort, après vingt-deux ans de règne. Ses États furent ravagés et soumis au tribut. C'est le terme fatal où aboutirent les guerres de ce monarque : guerres injustes, et entreprises par le seul motif d'étendre sa puissance.

Cyaxare, premier fils et successeur de Phraote, n'eut d'abord qu'une couronne précaire et tributaire des Assyriens. Mais ayant appris la défaite de ceux-ci devant Béthulie, il s'affranchit de leur joug, répara en peu de temps les pertes de son père, et porta la guerre dans la Haute-Asie. Alyatte, roi de Lydie, lui en disputa la conquête. Le sort des armes en décida en faveur de Cyaxare. Alyatte demanda la paix, et l'obtint, aux conditions que sa fille épouserait Astyage, fils de Cyaxare,

et que l'Asie-Supérieure resterait aux Mèdes en toute souveraineté.

Après cette glorieuse expédition, Cyaxare ne pensa plus qu'à venger sur les Assyriens l'indigne mort de son père. Il tourna contre eux ses armes triomphantes, remporta plusieurs victoires sur leur roi, le renferma dans sa capitale et l'y assiégea. Mais une diversion imprévue l'obligea de lâcher la proie qui ne pouvait lui échapper : une armée prodigieuse de Scythes se jeta sur ses États. Il vola à leur secours et livra bataille à ces barbares. Ses forces étaient trop inégales; accablé par la multitude, il fut vaincu, et contraint de recevoir la loi du plus fort. Par la même loi, toute l'Asie, la Syrie, l'Égypte, se soumirent aux Scythes.

Vingt-huit ans s'écoulèrent sous l'impérieuse domination de ces barbares. Cyaxare, ennuyé de porter leur joug, reprit les armes avec tant de succès, qu'en peu de temps il en purgea tous ses États. Débarrassé de si fâcheux hôtes, il se vit en état de suivre ses premières vues sur l'empire d'Assyrie, alors gouverné par Chinaladan, héritier de la couronne de Nabuchodonosor l'Assyrien. Nabopolassar, prince de la même nation, se joignit aux Mèdes, et leurs forces unies tombèrent sur Ninive, la prirent, la saccagèrent, l'ensevelirent sous ses ruines, et avec elle l'empire d'Assyrie, dont Cyaxare fit mourir le dernier roi par représailles. Sa vengeance fut aussi éclatante que complète. Tout l'empire d'Assyrie passa sous la domination des Mèdes, excepté la Babylonie, qu'ils laissèrent à Nabopolassar, leur allié. Cyaxare couronna par cette importante conquête un règne de quarante ans, illustré par de grands événemens. Il laissa deux fils, Astyage Ier et Assuérus. Astyage, en qualité d'aîné, hérita des États de son père.

Celui-ci, content des grands États

qui lui étaient transmis, ne pensa qu'a
en jouir. Malheureusement pour lui,
il eut bientôt un voisin qui ne pensait
qu'à conquérir. C'était Nabuchodonosor le Chaldéen, depuis surnommé
le Grand. Il avait succédé à Nabopolassar, et était monté sur le trône de
Chaldée un an après qu'Astyage fut
possesseur de celui des Mèdes. Ce
nouveau roi, aussi entreprenant qu'Astyage était pacifique, lui enleva la
Perse, la Parthie, l'Hyrcanie, la Bactriane, l'Asie-Mineure et l'Arménie.

Assuérus, frère d'Astyage, et plus
digne du trône que lui, espéra de son
épée une couronne que l'ordre de la
naissance lui avait refusée. Il voyait
avec peine les Chaldéens en possession
de la plus belle portion des États de
ses pères, et l'indolence d'Astyage
sur ses pertes. La disgrâce de Nabuchodonosor le Grand, qui, vers la fin
de son règne, si l'on en croit l'Écriture, fut réduit à une vie animale,
parut à Assuérus une conjoncture fa-

vorable à quelque tentative. De concert avec Astyage, ou sans en être avoué, il leva des troupes, et, suivi des braves de la Médie, il fit une irruption dans la Suziane; il en chassa les Chaldéens, s'empara de Suze, dont il fit sa capitale. De là, par un enchaînement rapide de conquêtes, il se rendit maître de la Perse, de la Parthie, de l'Hyrcanie, de tous les vastes États qui s'étendaient jusqu'à l'Inde et au Gange, et des îles même situées au midi de l'Indostan ; de sorte qu'il se donna un grand empire , qu'il divisa en cent vingt-sept provinces, et prit le nom d'Artaxerxès le Grand.

Sur la fin de la troisième année de son règne, voulant témoigner à ses principaux officiers combien il était sensible aux services qu'il en avait reçus, il les rassembla, Mèdes et Perses, dans la ville de Suze ; ville où il se plaisait, parce qu'elle avait été le commencement et, pour ainsi dire, le berceau de son vaste empire. Là il leur donna et à tout le peuple, pendant six mois, des fêtes superbes, et des festins dignes de sa grandeur. La reine Vasthi en usa de même à l'égard des dames; mais ces fêtes se changèrent bientôt en deuil pour l'infortunée Vasthi. Appelée par son roi et son époux dans la salle du festin des hommes, lorsqu'on y était déjà dans la chaleur du vin, elle ne jugea pas qu'il lui fût convenable de s'y montrer et n'y parut pas. Assuérus, vivement piqué du procédé de sa femme, la dégrada sur-le-champ et la répudia.

Peu de temps après il choisit pour son épouse Esther, nièce du Juif Mardochée. La jeune Juive effaçait toutes les beautés de l'empire. Dès qu'elle fut présentée au roi, elle charma ses yeux et captiva son cœur. La fortune de la nièce fut celle de l'oncle, et le crédit de l'oncle fut la perte d'Aman. Ce premier ministre et favori d'Assuérus était mécontent de Mardochée; parce qu'un Juif lui avait déplu, il voulait immoler à son ressentiment toute cette partie de la nation qui était encore captive en Perse. Aman donna dans les piéges qu'il avait tendus à son ennemi, et fut conduit au même gibet qu'il lui avait préparé. Mardochée succéda à sa faveur et à ses dignités.

On ne sait pas combien dura le règne d'Assuérus; mais Darius Médus, son fils, se trouvant âgé de soixante et deux ans quand il prit Babylone avec Cyrus sur Balthasar, et dans la trente-deuxième année de son règne, il paraît qu'Assuérus mourut un an avant Nabuchodonosor le Grand. Il laissa un fils, nommé dans l'Écriture Darius Médus, depuis roi de Babylone, et connu chez Xénophon sous le nom de Cyaxare, second roi des Mèdes. On ne peut pas douter que le Darius de l'historien sacré et le Cyaxare du profane ne soient la même personne, dès que tous deux conviennent que ce fut lui qui succéda, en 635, immédiatement à

Balthasar, dans le royaume de Babylone.

Après la mort d'Assuérus, Darius,
son fils, se rendit à la cour d'Astyage,
son oncle, dont il attendait la succession. Là, il apprit que le fils du roi de
Babylone avait fait une irruption en
Médie; il se mit à la tête des Mèdes, et
battit les Assyriens. Cyrus, qui l'ac-
compagna dans cette expédition, n'était
alors qu'un enfant âgé de seize ans,
mais de grande espérance. Cambyse,
son père, seigneur persan, ou roi selon
quelques historiens, avait épousé Man-
dane, fille unique du roi Astyage, et
en avait eu Cyrus, qui par là se trouvait son petit-fils, et neveu de Darius.

Aussitôt que Darius eut recueilli la
succession du roi Astyage, et se fut
mis en possession de la Médie, il appela Cyrus à sa cour. Il s'y rendit à la
tête d'une armée bien disciplinée qu'il
avait levée en Perse. Il était alors dans
la vingt-septième année de son âge,
mais si mesuré dans toutes ses démar-

ches, si bien dressé à tous les exercices militaires, si brave de sa personne, que Darius le jugea capable de commander ses armées. Il l'en déclara général, et lui donna soixante et dix mille Mèdes, lesquels, unis aux trente mille Persans qu'il avait amenés, composaient une armée de cent mille combattans. C'est avec ces troupes que Cyrus signala sa bravoure par tant de belles actions, qu'il défit l'armée d'Évilmérodac, roi des Chaldéens, de Balthasar, des rois confédérés de l'Asie-Mineure, à Tymbrée, où ils avaient rassemblé quatre cent mille hommes, commandés par Crésus, roi de Lydie, et le plus riche des rois. C'est avec ces troupes qu'il conquit l'Asie-Mineure, la Syrie, l'Arabie, et s'empara de Babylone, commandée par Balthasar, dernier roi des Chaldéens, dont les Mèdes et les Perses se partagèrent la monarchie. C'est ce point de partage qui forma et unit l'empire des Mèdes et des Perses.

Darius récompensa généreusement

les services de Cyrus. Devenu roi de Babylone, il lui céda la Haute et la Basse-Asie, qu'ils avaient conquises à frais communs; il lui céda ses États de Médie et de Perse, et lui donna encore ses troupes pour conquérir à son profit l'Égypte et l'Arabie. Agé de soixante-deux ans quand il prit possession de Babylone, il ne régna guère qu'un an.

Cyrus était trop guerrier pour aimer le repos. Dès qu'il eut pris les arrangemens convenables à ses nouveaux États (année 536), et assemblé des troupes pour l'exécution de ses projets, il quitta Babylone après un an de séjour, et alla ranger sous son obéissance tous les pays situés entre la Syrie et la mer Rouge, et ensuite toute l'Égypte et la Nubie : de sorte qu'en Afrique, il borna son empire par la Libye, l'Éthiopie et la mer Rouge ; en Asie, il était terminé au nord par le Pont-Euxin, le Tanaïs et la mer Caspienne ; au midi, par la mer d'Arabie ; à l'occident, par l'Europe et la mer de Syrie ;

à l'orient il s'étendait au-delà de la Médie et de la Perse, sans qu'on en sût les limites précises. Maître de tant de royaumes, il donna des bornes à son ambition, pour jouir du fruit de ses travaux, et se livra tout entier au gouvernement de ses immenses États.

Ses trois villes favorites étaient Babylone, Suze, Ecbatane. Il passait dans la première sept mois de l'année, y compris l'hiver ; ensuite trois mois à Suze au printemps, et deux mois d'automne à Ecbatane. Sept années s'étant presque écoulées dans cette alternative de séjours, depuis qu'il fut maître de l'empire de Babylone, il fut curieux de revoir la Perse, son pays natal. Il y fut attaqué de la maladie qui l'enleva. Il fit venir ses enfans, et, après leur avoir témoigné la joie qu'il ressentait d'avoir élevé sa patrie au-dessus de tous les États d'Asie, elle qui, avant lui, n'y avait été illustrée d'aucun titre de souveraineté, il déclara Cambyse, son fils aîné, pour successeur, donna à l'anoxarès, son puîné, les satrapies de Médie, d'Arménie et des Cadusiens; les embrassa en leur disant le dernier adieu, se couvrit le visage, et cessa de vivre.

On s'aperçut bientôt dans l'empire que Cyrus n'était plus. La discorde arma ses deux fils l'un contre l'autre. La défection des villes et des nations conquises suivit de près, et tout alla en décadence. Ce grand conquérant avait régné trente années en tout: vingt - trois ans d'abord en Asie, et sept ans depuis qu'il fut maître de l'empire de Babylone. Les historiens s'accordent à ne lui donner que soixante-dix années de vie.

Cambyse, principal héritier des États de Cyrus son père (année 529), avait comme lui l'humeur belliqueuse. Dès qu'il se fut accommodé avec son frère, il tourna ses armes contre ses vassaux rebelles. Le roi d'Égypte fut le premier sur qui elles tombèrent. Cambyse surprit Péluse, tailla en pièces l'armée égyptienne, emporta Memphis d'assaut, et fit rentrer tous les pays sous son obéissance. C'est tout ce qu'il fit de bien. Les Libyens, les Cyrénéens, les Barcéens prévinrent son ressentiment en allant l'assurer de leur soumission. - Content de leurs hommages, il se mit en tête de subjuguer les Éthiopiens et les Ammoniens, dont tout le pays ne valait pas les frais de la guerre. Mais ce prince mesurait plus sa grandeur par l'étendue des terres qu'il possédait que par leurs richesses.

Il partagea son armée en deux corps : l'un, de cinquante mille hommes, fut envoyé contre les Ammoniens, au midi de la Libye : il y périt sous les sables élevés par un vent impétueux ; l'autre s'enfonça dans les déserts d'Éthiopie sans provisions, et n'y trouva que la famine. Cambyse méprisa d'abord cet ennemi ; il en sentit bientôt la force. Une partie de l'armée fut sacrifiée à nourrir l'autre, selon que le sort en décidait. A la faveur de ce secours homicide, Cambyse s'échappa avec une armée ruinée.

Ces disgrâces rendirent furieux le fils de Cyrus. De retour en Égypte, il immola à sa fureur les prêtres, les temples, les dieux même du pays. Son frère et sa sœur furent aussi les victimes de ses emportemens. Le règne de cet insensé fut court; encore parut-il trop long à ses sujets. Ils lui donnèrent un successeur avant sa mort. Ils crurent (année 521) avoir élevé sur le trône son frère Smerdis, et ils n'avaient couronné qu'un imposteur, assez ressemblant au vrai Smerdis, dont il jouait le personnage.

Cependant Cambyse hâtait sa marche; mais une blessure que son sabre lui avait faite en descendant de cheval, l'obligea de s'arrêter à Ecbatane de Syrie, où il mourut après avoir régné sept ans et cinq mois. Sa mort, arrivée si à propos, favorisa la fourberie du faux Smerdis. A l'exemple de la cour, tout l'empire s'empressa de lui rendre hommage. Il ne parut rien moins qu'emprunté sur le trône. Il y jouit de sa bonne fortune comme si elle eût été la plus légitime, et figura si bien, que tout le monde le prit pour ce qu'il n'était pas. C'était un Mage, Mède d'origine, à qui Cyrus avait fait couper les oreilles pour crime. Ayant appris la mort de Tanoxarès ou Smerdis, il avait cru pouvoir le remplacer. Rien n'eût été capable de troubler son bonheur, si sa femme eût pu se taire. Instruite de la condition de son mari, et choquée de se voir la femme d'un malheureux roi de théâtre, elle s'en plaignit secrètement à tant de personnes, que son secret devint public. La scène changea ; les grands, honteux d'avoir été les dupes de cet imposteur, l'assassinèrent.

Le faux Smerdis ne se soutint que sept mois. Sa sanglante catastrophe apprit à tout l'empire que la race masculine du grand Cyrus était éteinte, et qu'il était au pouvoir des Perses de se donner un roi d'une autre maison. Darius, surnommé Hystaspe, du nom de son père, avait épousé Atosse, fille de Cyrus, et en avait des enfans. Par cet endroit, il prétendait à la couronne; mais il n'était pas le seul prétendant. La multitude des candidats rendit le choix difficile. Après bien des contestations, les sept premiers seigneurs persans convinrent d'un moyen de terminer leur différend; moyen bizarre, à la vérité, mais qui, par sa bizarrerie même, enleva les suffrages. Ce fut d'adjuger la couronne à celui d'entre eux dont le cheval hennirait le premier, au jour et lieu qui furent arrêtés. Tous s'y rendirent avant le lever du soleil, et tournèrent la tête de leurs chevaux du côté de l'orient. Darius, par l'avis de son écuyer, tourna le sien à l'occident, vis-à-vis d'une montagne dont les rayons du soleil devaient frapper le sommet, avant qu'il se montrât du côté de l'orient. A la première vue de leur éclat, ce cheval en sentit l'impression, hennit, et donna l'empire à son maître.

Darius était digne du trône que son écuyer lui avait acquis (année 520). Il donna la première attention à la police de ses États et au bon ordre de ses finances, qui montaient à trente et un millions de livres, somme immense pour ce temps-là. Il était maître de l'Asie-Mineure, de l'Arménie, et de tout le pays situé entre le Pont-Euxin et la mer Caspienne, jusqu'au Tanaïs. Artaxerxès possédait la partie méridionale de l'empire, la Médie, la Babylonie et la Perse, avec leurs dépendances. A la sollicitation de ce dernier, Darius vint assiéger Babylone, qui s'était révoltée. Après un long siége, il s'en rendit maître, par le stratagême de Zopire, l'un de ses généraux, qui, feignant d'avoir été outragé par son roi, se jeta dans la ville comme transfuge. Il gagna la confiance des

Babyloniens ; ils lui donnèrent le commandement d'un corps de troupes, avec lesquelles il livra la ville à Darius. Celui-ci remit Babylone au pouvoir d'Artaxerxès : on ne sait point à quelles conditions. A en juger par l'événement , il paraît qu'ils avaient stipulé que les États du roi mède, au cas qu'il mourût sans postérité , seraient réunis à ceux du persan , dont la femme était petite - fille de Darius Médus.

Darius Hystaspe était né pour être grand dans la paix ; il voulut encore l'être dans la guerre. Il avait toutes les qualités d'un roi pacifique , si l'on en excepte l'amour de la paix , et n'avait de celle d'un conquérant que l'ambition. La Scythie , l'Inde et la Grèce à subjuguer , furent ses objets. Il conduisit lui-même une armée prodigieuse en Scythie. Elle y passa sur deux ponts, l'un construit sur le Bosphore de Thrace , l'autre sur le Danube. Les Scythes , informés de sa marche et de ses vues , prirent le parti de ruiner son armée sans combat, par la fatigue et par le manque de vivres. A cet effet , ils s'avancèrent à une journée de lui. Chaque jour il se croyait à la veille d'une action décisive , et chaque jour les Scythes lui échappaient en reculant autant qu'il avançait, et ravageant tout le terrain qu'ils lui abandonnaient. Par ce stratagême , ils l'attirèrent bien avant dans leurs forêts et dans leurs déserts incultes. Il s'aperçut un peu trop tard du piége ; la famine commençait à décimer son armée.

Dans cette fâcheuse circonstance , le roi des Scythes envoya des ambassadeurs qui présentèrent à Darius, de la part de leur maître , un oiseau, un rat , une grenouille et cinq flèches. Alors Gobrias , seigneur à la suite du roi , prenant la parole : « Prince, dit-« il, les Scythes veulent vous faire « entendre que, si vous ne vous en-« volez comme un oiseau , si vous ne

« vous cachez sous la terre comme un
« rat, si vous ne vous réfugiez dans
« les marais comme une grenouille,
« vous serez percé de leurs flèches.
« Croyez - moi, seigneur, fuyons une
« contrée qui pourrait devenir notre
« tombeau ; fuyons cette terre étran-
« gère, et retournons dans la Perse. »
Le roi goûta cet avis et s'empressa de
le suivre. Heureusement pour lui, la
fidélité des Ioniens, qui gardaient sa
retraite, fut à l'épreuve de l'argent
des Scythes ; il repassa ses ponts avec
le chagrin de n'avoir donné au public
qu'une scène semblable à la folle expédition de Cambyse en Éthiopie.

Darius s'en dédommagea sur la
Thrace et sur la Macédoine, que Mé-
gabase lui soumit, et sur les Indiens,
auxquels il fit une guerre assez heu-
reuse, dont l'ancienne histoire ne don-
ne point de détail. Peut-être a-t-elle
cru que les vastes contrées que possédait de ce côté-là Artaxerxès, sous le
nom de l'empire des Mèdes et des Per-

ses, étaient une conquête de Darius. La guerre de Grèce est plus certaine. Ce ne fut pas sans sujet qu'il l'entreprit.

La ville de Milet, aidée des Athéniens, s'était révoltée contre lui, avait brûlé Sardes, soulevé l'Ionie, la Thrace, la Macédoine, après la disgrâce qu'il avait essuyée en Scythie. D'ailleurs Hippias, fils du tyran Pisistrate, implorait le secours des Perses, pour remonter sur le trône d'Athènes. C'en était trop pour un monarque à qui son ambition suffisait pour faire la guerre. Il fit passer en Grèce une flotte de six cents voiles, qui débarqua deux cent mille hommes de pied et dix mille chevaux dans l'Eubée, dont il s'empara. De là, il entra dans l'Achaïe et dans l'Attique. Les Grecs n'avaient encore que dix mille hommes à opposer à un si puissant ennemi ; mais c'étaient des Grecs, et le brave Miltiade les commandait. La victoire ne se déclare pas toujours pour les gros bataillons. On en vint aux mains dans la plaine de Marathon (année 490), fameuse par cette journée. Les dix mille taillèrent en pièces les deux cent mille hommes (c'était un contre vingt-un), les forcèrent d'abandonner la Grèce, dont ils n'avaient mesuré la force que sur l'étendue.

Darius ne put supporter cet affront. Il résolut de le laver dans le sang de tous les Grecs. La mort mit fin à ses projets de vengeance, lorsqu'il était sur le point de repasser en Grèce avec une armée deux fois plus forte que la première. Selon toute apparence, cette mort lui épargna une seconde journée de Marathon, réservée à son successeur.

Ce fut Xerxès (année 485), le quatrième de ses fils, et l'aîné de ceux qu'il avait eus d'Atosse, depuis son avénement à la couronne. Il eut, par ces deux titres, la préférence sur ses frères du premier lit, et même sur ceux du second nés avant lui.

Le sang des Perses, versé à Marathon, semblait demander au fils de Darius la vengeance que le père n'avait pu en tirer. Du moins Xerxès se l'imagina, et s'en fit un point d'honneur. Il avait hérité des vastes États du roi Artaxerxès, le dernier de la race des Mèdes, et les avait réunis à ceux qu'il tenait déjà de son père. C'est ce qui le rendit le plus puissant des rois qui l'avaient précédé, et le mit en état d'abîmer la Grèce. Il craignait si fort que cette proie lui échappât, qu'il mit tout l'univers en mouvement pour en écraser un atome.

Il équipa une flotte de douze cents voiles, tira des troupes de tous ses États et de tous ses alliés. L'Europe, l'Asie, l'Afrique, vinrent à l'envi se ranger sous ses drapeaux. Il engagea encore les Carthaginois dans sa querelle, et en reçut un secours de trois cent mille combattans, Africains, Espagnols, Gaulois, Italiens, conduits par Hamilcar. Ceux-ci devaient tomber sur les colonies grecques établies en Sicile et en Italie, afin de les empêcher d'envoyer en Grèce des troupes auxiliaires. Les vues de Carthage étaient de se rendre maîtresse de ces colonies, et de tout le commerce de la Méditerranée. Xerxès, de son côté, devait fondre de toutes parts sur la Grèce, avec ses innombrables armées de terre et de mer.

Il se mit en marche avec toutes ses forces. Arrivé sur l'Hellespont, qui sépare l'Asie-Mineure de l'Europe, il joignit les deux continens par deux ponts très-larges, et longs d'un grand quart de lieue. Sept jours et sept nuits suffirent à peine pour défiler. Son armée, grossie en chemin par la jonction des troupes que ses alliés lui envoyèrent, se trouva forte de trois millions d'hommes. Sa flotte fut augmentée de cent vingt bâtimens d'Europe, et d'un grand nombre de galères; elle portait plus de cinq cent mille hommes.

Quand toutes ses forces furent passées en Thrace, Xerxès en fit la revue générale. Placé sur une hauteur qui dominait la mer et la campagne, il vit la terre et l'onde couvertes de ses armées. Un coup d'œil si flatteur lui enfla tellement le cœur, qu'il compta que non‑seulement la Grèce, mais encore toute l'Europe était à lui. Les Grecs n'avaient à lui opposer que trois cent vingt voiles, et quelques galères commandées par Eurybiade, et onze mille deux cents hommes de terre, conduits par Léonidas, général des Lacédémoniens, tous bien disciplinés, bien aguerris, et résolus de ne point survivre à la liberté de leur patrie.

Les Perses filèrent en bon ordre dans la Grèce, par la Thrace, la Macédoine, la Thessalie, sans aucune résistance. Arrivés au défilé des Thermopyles, qui, de la Thessalie, va déboucher dans la Phocide, ils apprirent que Léonidas, à la tête de quatre mille hommes seulement, en fermait les avenues. Étonné de son audace, le monarque persan le somma de lui apporter ses armes. Le général de Lacédémone lui répondit d'un ton laconique : *Viens les prendre*. Outré de sa réponse, Xerxès détacha le corps des Mèdes, avec ordre de lui *amener vifs ces quatre mille fous :* le point était de les prendre. Presque tous les Mèdes périrent dans l'entreprise. Ils furent relevés par dix mille Persans d'élite, qui eurent le même sort. Désespérant de vaincre ces braves à main armée, le roi de Perse les attaqua par les promesses les plus flatteuses, et ne put les entamer. Toutes ses offres furent rejetées avec une noble fierté.

Le monarque, qui s'était attendu à trouver tous les Grecs soumis à la vue de sa prodigieuse armée, connut son mécompte et se vit dans un terrible embarras. Son âme altière flottait entre la colère, la honte de reculer, et la crainte d'échouer, lorsqu'on lui présenta un paysan qui s'offrit à lui montrer un chemin détourné par où l'on pouvait envelopper les Grecs. Ravi de sa bonne fortune, il fit marcher une partie de ses forces de ce côté-là, sur les pas du guide.

Léonidas, averti que les Perses débouchaient dans la plaine à dessein de l'enfermer, renvoya tous ses soldats au secours de la patrie, et n'en garda que trois cents avec lesquels il fit face à toute l'armée ennemie, qui l'investit. Pas un de ces braves ne voulut faire ni recevoir quartier; tous, et le général à leur tête, périrent les armes à la main, après avoir vendu chèrement leur vie. On les enterra depuis dans le champ de bataille; on leur y dressa un monument avec cette inscription : *Ici gisent trois cents Grecs qui ont combattu contre trois millions d'hommes.*

De la Phocide, Xerxès pénétra dans la Béotie et dans l'Attique. Tous les Athéniens s'étaient sauvés dans leurs vaisseaux avec leurs meilleurs effets; il réduisit leur ville en cendres. Là, il eut avis que le jour même de l'action des Thermopyles, sa flotte avait été battue par celle des Grecs près d'Artémise, promontoire de l'Eubée, et que deux coups de vent lui avaient brisé six cents bâtimens. Il n'attribua cette disgrâce qu'à son absence. Il courut à son armée navale, et lui commanda de charger les Grecs. Ceux-ci s'étaient retirés sous la petite île de Salamine, près du port d'Athènes, dans un détroit où tous leurs vaisseaux pouvaient manœuvrer à l'aise, sans pouvoir être attaqués en même temps par toutes les forces ennemies. Les Perses, animés par la présence de leur roi, fondirent à pleines voiles sur les Grecs, qui les reçurent avec courage, leur coulèrent à fond un grand nombre de vaisseaux, en prirent presque autant à l'abordage, et mirent le reste en fuite.

Découragés par tant de revers, les alliés des Perses regagnèrent leurs ports, et Xerxès, averti que la flotte des Grecs allait rompre les ponts du Bosphore, et enfermer, comme ils l'exprimaient, l'Asie dans la Grèce, reprit en diligence le chemin de ses États, laissant trois cent mille hommes à Mardonius pour achever la conquête de la Grèce.

Le corps d'armée qu'il ramenait en Asie, pour la sûreté de sa personne, manqua de vivres pendant les quarante-six jours qu'il mit à rejoindre le Bosphore. Lui - même, ayant pris les devans avec une escorte légère, eut peine à en trouver, et, pour surcroît de malheur, on vint lui annoncer qu'une tempête avait rompu ses deux ponts. Il fut obligé de repasser presque seul, dans une barque, ce même détroit qu'il avait passé, peu auparavant, avec douze cents voiles et trois millions de combattans.

Telle fut l'issue des vastes projets du plus puissant monarque que l'on eût vu jusqu'alors. Jamais il n'y eut tant d'hommes rassemblés en un corps d'armée, et moins de vrais soldats; jamais plus de bras, et moins de têtes.

Xerxès avait besoin de disgrâces pour lui apprendre qu'il était homme; aussi ne lui furent-elles pas épargnées.

La campagne suivante, ses armées perdirent encore deux batailles des plus désastreuses : l'une à Platée, en Béotie, où le général Mardonius fut tué, avec un si grand nombre des siens, que, de trois cent mille hommes qu'on lui avait laissés, il ne s'en sauva que quarante mille. L'armée des Grecs n'était que de soixante mille; mais ces Grecs étaient tous soldats, et les Perses ne l'étaient plus. L'autre bataille se donna à Mycale, promontoire du continent de l'Asie, où Xerxès avait rassemblé cent mille hommes pour tenir en respect les colonies que la Grèce avait en Asie. La flotte grecque alla les y chercher. A la sollicitation des Ioniens, elle débarqua en présence de l'ennemi. Fortifiés d'un gros d'Ioniens, les Grecs taillèrent en pièces les cent mille Perses, brûlèrent leur flotte dans une rade voisine, rendirent la liberté à toutes leurs colonies asiatiques, et les affranchirent pour toujours de la domination des Perses.

Les Carthaginois alliés de Xerxès ne furent pas plus heureux que lui. Ils avaient débarqué trois cent mille hommes en Sicile. Gélon, tyran de Syracuse, en fit un affreux carnage, le jour même de l'action des Thermopyles; jour fatal aux Perses par la perte de trois batailles. Ainsi cette guerre si fameuse dans l'antiquité, n'aboutit qu'à montrer la puissance des Perses et la valeur des Grecs; combien ceux-là pouvaient armer d'hommes, et combien ceux-ci pouvaient en vaincre. La passion d'un seul homme coûta la vie à plus de trois millions d'hommes; encore cette passion fut-elle confondue.

Le roi de Perse, honteux de ses désastres, fut dégoûté de la guerre : il chercha à noyer ses chagrins dans ses plaisirs ; il y trouva de nouvelles peines. Outre les maladies, suites ordinaires de la débauche, Xerxès essuya des troubles domestiques dont il fut la victime. Artabane, seigneur persan, l'assassina dans son lit. Le régicide chargea de son crime Darius, fils aîné du monarque, et plaça sur le trône Artaxerxès, le plus jeune, pour l'en faire descendre à son gré, et y monter lui-même. Hystaspe, le puîné, résidait dans son gouvernement de la Bactriane, à la mort de son père ; son éloignement lui fit perdre la couronne.

Artaxerxès fut surnommé *Longue-main*, non pas dans le sens figuré auquel on dit vulgairement que les rois ont les mains longues, mais parce que réellement ses mains excédaient la proportion naturelle. Il signala l'entrée de son règne (année 474) par la vengeance de l'assassinat de son père. Cette action lui aurait fait honneur si elle avait été conduite avec plus de maturité et moins de crédulité. Soit qu'il crût véritablement son frère aîné coupable du parricide, soit que, ravi de l'en voir accusé, il saisît ce prétexte pour se défaire du légitime héritier de Xerxès, il le fit mourir. Peu de temps après, mais trop tard, il en reconnut l'innocence, et punit le véritable auteur de ce meurtre par la mort d'Artabane et de ses fils.

Éloigné de la folle ambition de ses pères qui avaient épuisé l'État d'hommes et d'argent, à la honte de leur nom, ce prince bornait sa gloire à donner la paix à ses peuples et à les bien gouverner. Il n'est pas toujours au pouvoir des rois d'éviter la guerre. Les Grecs ne se croyaient point encore assez vengés des Perses. Cimon, leur général, parti d'Athènes avec deux cents voiles, débarqua dans l'Asie-Mineure, et enleva les villes et les provinces de la côte occidentale. Il battit la flotte persane à l'embouchure de l'Eurimédon, et défit l'armée de terre, campée sur le bord de ce fleuve. La Chersonèse de Thrace fut le fruit de cette victoire. Dans une autre expédition en Cilicie, Cimon prit cent vaisseaux aux Perses et ruina encore leur armée de terre. De là, il fit voile vers l'île de Chypre, dont la conquête ne lui eût point échappé, si Artaxerxès n'eût demandé la paix à ses vainqueurs, et ne l'eût achetée par un traité aussi honteux à la Perse que glorieux à la Grèce.

Les deux principaux articles de ce traité furent, que le roi de Perse accorderait la liberté et l'indépendance à toutes les villes et provinces grecques de l'Asie; et que les Perses ne pourraient jamais approcher des mers de la Grèce, plus près que de dix à douze lieues. Cette convention mit fin à la guerre si fameuse des Perses contre les Grecs. Ceux-ci ne furent redevables de leurs prodigieux succès qu'à la sagesse de leur conseil, au choix de leurs généraux, réglé sur le mérite, et à la résolution du soldat, toujours prêt à mourir pour sa patrie.

Le règne d'Artaxerxès fut d'environ quarante ans. Il ne laissa qu'un fils légitime, nommé Xerxès, et plusieurs bâtards, qui désolèrent sa famille et la remplirent de meurtres.

Xerxès II n'eut pas le temps de goûter le plaisir de régner. Monté sur le trône à la mort de son père (année 425), il en fut précipité quarante-cinq jours après par le fer meurtrier de Sogdien, son frère de père. La couronne de Perse avait été le motif du meurtre; elle en fut le prix. Sogdien ne put la porter que huit mois. Odieux aux grands par son forfait, il la perdit par le même crime dont il avait donné le funeste exemple.

Darius, surnommé *Nothus*, à cause du vice de sa naissance, ne méritait pas un sort plus heureux que son frère Sogdien, dans le sang duquel il avait trempé ses mains. Sous son règne les Perses et les Égyptiens se révoltèrent; la couronne, mal affermie sur sa tête, fut plus d'une fois prête à tomber. Enfin il eut le bonheur de triompher des rebelles, et de prolonger son règne jusqu'à huit, d'autres disent jusqu'à dix-neuf ans. Avant sa mort, il partagea ses États entre ses deux fils, Artaxerxès, l'aîné, et Cyrus, nommé le jeune pour le distinguer du grand Cyrus.

Une couronne partagée ne fait que des mécontens. Artaxerxès, dit Mnémon, à cause de sa belle mémoire, eut l'empire de Perse (année 405), et fut mécontent de n'avoir pas tout. Cyrus eut l'Asie-Mineure en partage, et ne fut pas content de sa portion. Tous les deux se plaignirent de n'avoir pas tout ce qui leur était dû, tant l'intérêt fait penser diversement sur le même objet. On se prépara des deux côtés à la guerre. Cyrus fit alliance avec les Lacédémoniens, qui lui envoyèrent dix mille hommes, sous le commandement de Xénophon. Avec ce renfort, il s'avança jusqu'aux confins de la Médie, à peu de distance de l'armée de son frère. Tous deux avaient une égale envie de combattre, et tous deux se combattirent avec acharnement. Cyrus y perdit la vie. Ses troupes, ayant appris sa mort, mirent bas les armes, et laissèrent les dix mille Grecs en proie à l'armée victorieuse.

Le roi de Perse les fit sommer de se rendre, ils le refusèrent; et aussitôt l'armée des Perses eut ordre de les envelopper et de les passer au fil de l'épée. A l'instant les dix mille formèrent un bataillon carré, et, malgré l'inégalité du nombre, ils s'ouvrirent un passage. Ils avaient plus de quatre cents lieues à faire en pays ennemi avant que de regagner la Grèce. Ils étaient suivis et côtoyés par plus de cent mille hommes qui les harcelaient tous les jours, et tâchaient de leur couper les vivres. La faim et la soif se fit souvent sentir. Malgré tant de difficultés, qui auraient paru insurmontables à tout autre qu'à Xénophon et à ses Grecs, les dix mille traversèrent l'Arménie, la Paphlagonie, l'Asie-Mineure sans pouvoir être rompus, et

leur général rentra en Grèce à la tête
de cinq mille de ces braves.

Les Lacédémoniens, enflés de ce
succès, se crurent en état de conquérir l'empire des Perses; mais la défaite de leur armée par celle d'Artaxerxès, diminua un peu leur orgueil.
Ils apprirent que tous leurs guerriers
ne ressemblaient pas aux dix mille,
ni tous leurs capitaines à Xénophon.
D'un autre côté, le roi de Perse trouva
le moyen de leur ôter l'envie de repasser en Asie.

Ce prince, connaissant le génie ambi-
tieux et remuant des Lacédémoniens,
leurs forces et l'empire qu'ils avaient
sur toute la Grèce, jugea que le grand
secret de les éloigner de ses États, était
de les occuper chez eux et de leur
donner des rivaux. Dans cette vue, il
rétablit Athènes, et l'opposa à Lacédémone. Ces deux puissances, également jalouses de dominer dans la Grèce,
s'épuisèrent par une guerre longue et
sanglante. Alors le roi de Perse se ren-

dit médiateur. Il renferma les deux puissances dans leurs anciennes bornes, et remit en liberté toutes les autres villes de la Grèce, afin que si l'ambition de Sparte ou d'Athènes venait à se réveiller, elle trouvât dans la Grèce même autant de freins qu'il y avait de villes libres, et fût long-temps dans l'impuissance d'inquiéter la Perse. L'événement répondit aux vues de cette adroite politique.

Depuis ce temps, il coula de longues années dans le sein de la paix. Heureux monarque, s'il n'avait pas été père! Ses seuls enfans trouvèrent son règne trop long. La passion de régner avant le temps leur inspira le noir dessein d'attenter à sa vie, et de finir un si beau règne. Ils étaient au nombre de cinquante, tant légitimes qu'illégitimes. La conspiration transpira, et Mnémon fit mourir tous les complices. Peu après il mourut lui-même du regret de leur mort, la quarantième année du plus doux règne qu'ait vu la Perse.

Darius III du nom, surnommé Ochus et Artaxerxès, était le troisième et dernier des enfans de Mnémon. Il n'avait point trempé dans le parricide complot de ses frères, et il succéda seul à son père. Ce prince était ombrageux, et infiniment frappé de la conjuration de ses frères. Dans la crainte qu'on n'entreprît de même sur ses jours, il fit égorger tout ce qui lui restait de frères ou de parens, sans distinction d'âge ni de sexe.

Cet horrible massacre répandit l'horreur et la terreur dans tout l'empire. Il n'empêcha pas cependant les Cadusiens de se révolter. Il envoya pour les soumettre Codoman, général de ses armées, qui les dompta, et signala son courage par plusieurs victoires, dont le trône de Perse fut le prix après la mort d'Ochus, qui ne régna que vingt-trois ans, et décéda sans enfans.

Codoman, satrape ou gouverneur d'Arménie, connu dans tout l'empire par l'éclat de ses victoires, n'avait, par sa naissance, aucun droit à la couronne; mais il était maître des troupes : sa valeur et ses victoires parlèrent en sa faveur; il enleva tous les suffrages dans un temps où la Grèce menaçait l'empire, et avait déjà nommé Philippe, roi de Macédoine, généralissime de ses armées. Avec la couronne, on donna à Codoman le nom de Darius (année 336), pour rehausser sa dignité. Il avait tout ce qu'il faut pour être un grand roi; malheureusement il eut pour rival Alexandre, qui l'éclipsa.

Celui-ci était fils de Philippe, roi de Macédoine, qui avait pacifié la Grèce en la domptant. Il avait fait sous son père ses premières armes avec une valeur qui promettait tout. La guerre était son unique passion. Étant encore enfant, on l'avait vu pleurer des succès de son père, dans la crainte qu'il ne lui laissât rien à conquérir : Élevé sur le trône de Philippe, il ménagea si adroitement les esprits des Grecs dans l'assemblée générale de leurs États, qu'il fut substitué à son père dans la qualité de généralissime des troupes destinées à la conquête des Perses. Sa brigue l'emporta sur l'éloquence de Démosthène, le prince des orateurs de son pays. Thèbes seule fut assez hardie pour s'y opposer. Alexandre la prit, la rasa, passa au fil de l'épée quatre-vingt-dix mille Thébains, en vendit trente mille, et n'épargna que la maison et la postérité du poëte Pindare. Ayant soumis avec une égale facilité les Thraces, les Illyriens, et les Gètes qui auraient pu lui disputer le passage de l'Hellespont, il se mit en campagne au printemps, la troisième année de son règne. Son armée n'était composée que de trente mille fantassins et de cinq mille chevaux. Il passa l'Hellespont sur cinquante vaisseaux, et débarqua dans la Troade.

Darius, informé de la marche et du dessein des Grecs, méprisa si fort cette poignée d'ennemis, qu'il envoya Mnémon le Rhodien, général de ses armées, avec ordre de prendre et de lui amener vif le jeune étourdi qui les commandait. Un pareil ordre est d'ordinaire plus aisé à donner qu'à exécuter. Mnémon, à la vérité, était homme de guerre et grand capitaine; mais la valeur des Perses était bien tombée, et celle des Grecs était dans sa vigueur. Mnémon s'arrêta sur le bord oriental du Granic, rivière de Phrygie, et y attendit Alexandre au passage. Le général des Grecs passa la rivière en présence de l'armée persane, deux fois plus nombreuse que la sienne; il la chargea, et remporta sur elle une victoire complète. Cet avantage lui valut toute l'Asie-Mineure. Milet et Halicarnasse se défendirent quelque temps avec courage; mais il fallut plier sous le joug du vainqueur.

A la première nouvelle de l'entière défaite de son armée, Darius fut saisi d'étonnement, et commença à craindre celui qu'il avait regardé comme un jeune téméraire, qu'il fallait châtier.

Il ne dédaigna point de reprendre le casque et de s'aller mesurer avec lui. La campagne suivante, il se mit à la tête de cinq cent mille hommes, s'avança vers la Cilicie pour en occuper les défilés et y attendre les Grecs. Alexandre connaissait l'importance de ce poste, le prévint, et surprit la ville d'Issus au débouché, lorsque Darius n'en était éloigné que d'une bonne lieue. L'on se prépara des deux côtés au combat. Le roi de Perse avait six fois plus de monde que celui de Macédoine. Il doutait si peu de la défaite de son ennemi, qu'il avait amené sa femme, ses enfans, sa cour, pour leur en donner le spectacle. Il s'en fallut bien que la scène fût aussi riante pour lui qu'il s'en était flatté.

Il engagea le combat dans un bel ordre. Il donna du secours aux endroits faibles, il rallia, il ramena à la charge; en un mot, il remplit les devoirs de général, et fut vaincu. Les Perses ne purent soutenir long-temps l'impétuosité des phalanges grecques. Le désordre se mit parmi eux, la terreur suivit; Darius ne fut plus écouté. La fuite générale et confuse de cet immense corps d'armée entraîna celle du chef: armes, tentes, bagage, munitions, tout resta au vainqueur. Il fit un grand nombre de prisonniers. La mère, la femme, les filles de Darius furent de ce nombre. Alexandre les reçut et les traita d'une manière digne de leur rang. Il les honora et les respecta comme si elles avaient été sa mère et ses sœurs, et ne leur laissa sentir de leur captivité que l'éloignement de Darius. Quoiqu'il ne fût âgé que d'environ vingt-six ans, et que les filles de Darius fussent de belles princesses, il ne voulut jamais les voir qu'en présence de leur mère, et montra qu'il savait également vaincre ses passions et ses ennemis. Cette conduite ne lui fit pas moins d'honneur, en Grèce et en Perse, que ses victoires. Darius en fut si charmé, qu'il lui offrit une de ses filles en mariage, et l'Asie-Mineure pour dot. Dans la suite, il les épousa toutes les deux ; mais l'Asie-Mineure était un objet trop borné pour un jeune héros qui gémissait de n'avoir qu'un monde à conquérir.

Alexandre recueillit rapidement les fruits de sa victoire. La Syrie, la Phénicie, la Palestine, l'Arabie, l'Égypte, la Libye, furent conquises, pour ainsi dire, au galop, et ne lui demandèrent que le temps de s'y montrer. La ville de Tyr l'arrêta seule plus long-temps que toutes ces régions. Sommée d'ouvrir ses portes, elle ne répondit qu'en faisant pendre les hérauts d'Alexandre, à la vue de l'armée grecque. Ce prince ressentit vivement l'outrage. Résolu d'en tirer une vengeance exemplaire, il assiégea Tyr. La défense fut si belle, qu'elle aurait fait honneur à Alexandre même, et aurait lassé tout autre qu'Alexandre. Malgré tant de généreux efforts, après sept mois d'une attaque vive et opiniâtre, la ville fut emportée d'assaut, passée au fil de l'épée, et pillée. Le feu acheva de venger son attentat sur le droit des gens. Deux mille de ses misérables citoyens avaient échappé au fer ; Alexandre les fit expirer en croix. Les Sidoniens qui étaient au service du vainqueur en sauvèrent quinze mille, qui servirent à repeupler la ville.

En Palestine, la ville de Gaze se défendit deux mois, et obtint une capitulation honorable. En Libye, Alexandre entra dans le temple de Jupiter Ammon. Il était déjà si enivré de sa gloire, qu'oubliant qu'il était homme et fils de Philippe, il se fit reconnaître pour le fils de cette divinité. Les Grecs riaient en secret de sa folie, et l'adoraient en public ; c'est le génie des courtisans : s'ils encensent les défauts de leur souverain en sa présence, ils savent bien hors de là se dédommager de leur encens. De Libye, Alexandre revint en Égypte, où il bâtit la ville d'Alexandrie, et mit son armée en quartiers d'hiver.

Darius avait eu le temps de reprendre haleine, et en avait profité. Pendant que son ennemi s'emparait d'une partie de l'empire, il avait fait dans l'autre de prodigieuses levées d'hommes. Il vint camper dans la plaine d'Arbelles, ville d'Assyrie, avec quarante mille chevaux et un million de fantassins. Alexandre ne s'y fit pas long-temps attendre. Son armée, composée d'environ quarante-sept mille hommes, s'était mise en campagne de bonne heure ; mais sa marche avait été retardée par la maladie et la mort de la femme de Darius. Elle fut inhumée avec toute la pompe et la magnificence due à sa qualité. Darius en fit remercier Alexandre, et lui offrit l'empire d'Asie, depuis l'Euphrate jusqu'à la Propontide, avec une de ses filles en mariage.

Le jeune conquérant assembla son conseil et lui exposa les offres du roi de

Perse, pour en délibérer. Parménion, un de ses officiers généraux, dit en opinant : « Si j'étais Alexandre, j'accepterais de si belles propositions. — Et moi aussi, reprit Alexandre, si j'étais Parménion. » Puis, adressant la parole aux ambassadeurs du roi de Perse, il ajouta : « Répondez de ma part au roi votre maître qu'il ne faut qu'un soleil dans le ciel, et qu'un roi dans un royaume; qu'ainsi, il ait à me céder le tout, ou à se préparer demain au combat. »

Darius choisit le combat. Il se battit en brave, et eut long-temps l'avantage. Mais son cocher ayant été tué, et lui obligé d'aller changer son char, son armée prit ce mouvement pour une retraite, commença à lâcher pied, se rompit, et entraîna le roi jusqu'en Médie, où il comptait rassembler ses troupes et revenir à l'ennemi. Avant que de l'y suivre, Alexandre s'empara de Babylone, de Suze et de Persépolis. Cette dernière place osa lui fermer ses portes ; il la força, la saccagea et y fit mettre le feu. Ses troupes étaient extrêmement fatiguées ; il leur distribua des quartiers de rafraîchissemens. Dès qu'elles furent en état de marcher, il s'avança du côté de la Médie.

Étant arrivé aux portes Caspiennes, il eut la nouvelle que Bessus, un des officiers généraux du roi de Perse, avait débauché les troupes de son maître et attenté à sa vie. Sur cet avis, il fit doubler le pas de son armée et prit les devans avec quelques mille chevaux. Un des cavaliers de son escorte, s'étant détaché pour aller reconnaître une fontaine, aperçut, assez près de la source, un homme étendu sur le gazon. C'était l'infortuné Darius percé de flèches, abandonné de tous ses gens, couvert de sang, et près d'expirer. Ce puissant monarque, maître du plus grand et du plus florissant empire du monde, n'avait pas un seul homme pour l'assister. Il se trouva réduit à demander

en grâce un verre d'eau à un soldat ennemi; il le but, et ce léger soulagement
lui donna encore assez de force pour
faire dire à son vainqueur qu'il lui
remettait l'empire, lui recommandait
sa mère et ses enfans, et le conjurait
de ne pas laisser impuni le crime du
perfide Bessus. Alexandre, averti par
son cavalier de la situation tragique
de son ennemi, courut vers la fontaine; mais quand il arriva, Darius
n'était plus (année 33o). Touché du
triste sort d'un si grand roi, il arrosa
son corps de ses larmes, le couvrit de
son manteau royal, le fit porter à
Sizigambis, sa mère, et donna des ordres pour l'inhumer avec toute la
pompe funèbre que l'on pourrait imaginer. Il assura la mère et les enfans
de Darius de sa protection, et fit ex-
pier au régicide Bessus, par les plus
horribles supplices, l'horreur de son
crime.

C'est depuis la mort du malheureux
Darius, dernier roi de Perse, avec

qui finit la monarchie, que l'on commence à compter les années du règne d'Alexandre le Grand en Asie. Ce prince était alors dans la vingt - huitième année de son âge, et la septième de son avénement à la couronne de Macédoine. L'empire des Perses, dont les fondemens avaient été jetés par Cyrus, dura deux cent six ans, selon Xénophon, et deux cent trente, selon Hérodote.

LIVRE QUATRIÈME.

Empire des Grecs.

ALEXANDRE, après avoir triomphé des Perses dans les trois batailles rangées du Granic, d'Issus et d'Arbelles, monta sur le trône d'Asie, vacant par la mort de Darius Codoman (année 330), dernier roi de la monarchie des Perses. La septième année, depuis son avénement à la couronne de Macédoine, fut la première de son empire en Asie. Il termina cette glorieuse année par la prise de la Médie, de la Parthie, de l'Hyrcanie, tandis que ses lieutenans généraux lui acquéraient l'Arménie, l'Ibérie, l'Albanie, et tout le pays situé entre le Pont-Euxin et la mer Caspienne, jusqu'au mont Caucase et au Tanaïs.

La joie que lui donnèrent des succès si rapides, fut troublée par le chagrin d'apprendre que Philotas, fils de son confident Parménion, avait conspiré contre ses jours. Il en coûta la vie au père et au fils.

Le temps et la conquête de la Margiane et de l'Arie, dissipèrent les inquiétudes d'Alexandre. De l'Arie, il pénétra dans la Bactriane, où le perfide Bessus, le meurtrier du roi Darius, s'était sauvé. Ptolomée, fils de Lagus, à la tête d'un détachement, suivit de si près ce régicide, qu'il s'en saisit. Il l'amena pieds et mains liés au quartier d'Alexandre. Ce héros vengea la mort de son ennemi sur le traître, en le faisant expirer au milieu des supplices les plus déshonorans et les plus sensibles que l'on put imaginer. La nouvelle de la mort de ce chef des rebelles, désarma toutes les provinces qui tenaient pour lui. La Bactriane, la Paropamise, jusqu'à la source de l'Oxus et de l'Inde, firent leur soumission.

La Sogdiane, au nord du fleuve Oxus, crut pouvoir borner de ce côté-là les conquêtes des Grecs. Elle avait une grande forteresse, posée sur un rocher très-escarpé, et d'un sommet si spacieux que trente mille des plus braves de la nation s'y étaient retirés avec des provisions pour deux ans. Un poste si bien défendu leur paraissait imprenable; les Grecs jugeaient de même: Alexandre ne fut pas de leur avis. Sa présence et ses discours inspirèrent tant d'ardeur aux soldats, qu'ils grimpèrent en rampant jusqu'au sommet du rocher, et l'emportèrent l'épée à la main.

La renommée annonça la gloire d'une si belle action aux Scythes, situés au nord du fleuve Iaxartès; aux Massagètes et aux Sacs; et amena ces peuples aux pieds du conquérant.

Les Indiens ne se pressèrent pas

tant d'aller chercher des fers. Ils attendirent les Grecs sur le bord oriental de leur fleuve, dont la largeur, la profondeur et la rapidité les rassuraient. Alexandre passa le fleuve sur des radeaux à la vue de l'ennemi. Il reçut les soumissions de Taxile, roi d'Omphis, et de plusieurs autres monarques indiens. Porus, qui régnait le long d'Hydaspe, se défendit en brave; il fut pris dans le combat, et ne parut pas moins grand dans le camp des Grecs que dans le sien. Alexandre lui ayant demandé comment il voulait être traité : *En roi !* lui répliqua-t-il avec une noble fierté. Le héros grec, charmé de la grandeur d'âme, de la probité et de la valeur de Porus, lui demanda son amitié, lui rendit ses États avec la liberté, et le fit son lieutenant général au-delà de l'Inde. Il devint roi de tout le pays à la mort de son bienfaiteur.

Alexandre n'était pas encore las de vaincre, mais son armée se lassait de le suivre. L'officier et le soldat se plaignirent hautement de leurs fatigues, et plus encore de ce que l'on usait leur vie à conquérir, sans leur promettre le temps de jouir. Tous unanimement conjurèrent leur général de mettre fin à ses conquêtes. Il fut d'abord piqué de leur remontrance; mais, réflexion faite, il entra dans leur sentiment : il se lassa comme eux de courir le monde, et prit la résolution de retourner à Babylone, pour y fixer son séjour.

Il descendit le long de l'Inde, pour subjuguer, en retournant, la partie méridionale de l'empire des Perses. Il assiégea Oxidraque au-delà de l'Inde, et manqua d'y périr, par la témérité avec laquelle il se jeta dans la place, avant qu'il pût être suivi de ses braves. Il repassa l'Inde, et conquit en chemin la Gédrosie, la Drangiane, la Caramanie; il se rendit maître de Passagarde, dans la Perse méridionale, où était le tombeau de Cyrus. A la vue de ce monument, il donna de grands éloges au fondateur de l'empire des Perses, et sembla prendre plaisir à louer ce héros, qui en avait moins fait que lui.

A son arrivée à Babylone, il reçut les ambassadeurs de toutes les nations voisines de ses immenses États et les députés de toutes les provinces. Au milieu de tant d'hommages et de la gloire qui l'environnait, à la fleur de son âge, il ne se croyait plus homme, et il ne l'était plus en effet. La débauche à laquelle il s'était livré depuis la mort de Darius, l'avait dégradé ; elle acheva de le perdre, dans les délices de Babylone. Le vin et les femmes terrassèrent sa grande âme, que les plus formidables armées n'avaient pu ébranler. Une fièvre, causée par un excès de vin, l'enleva à la trente-troisième année de son âge, la treizième commencée de son règne en Macédoine, la sixième complète de son empire, la quatrième de la cent treizième olympiade.

C'était un prince sans vices en entrant dans sa carrière, et un homme sans vertu en la finissant. Il avait porté en Asie toutes les vertus des Grecs, et rapporté de l'Orient tous les vices de l'Asie. Ébloui de l'éclat de son étonnante fortune, il poussa la folie de son orgueil jusqu'à se faire adorer comme un dieu, et à méconnaître Philippe, son père, afin de passer pour le fils de Jupiter. Il était si jaloux de la gloire des héros qui l'avaient précédé, qu'il regardait comme un crime de lèse-majesté, d'en louer quelques-uns en sa présence, sans l'élever au-dessus. Il en coûta la vie à Clitus, son favori, pour avoir donné des éloges à Philippe en présence d'Alexandre, sans accorder au fils la préférence sur le père.

Il avait épousé les deux filles de Darius, Roxane et Barzine, avec Purisatis leur nièce. Il eut de la seconde un fils qu'il nomma Hercule, et laissa Roxane enceinte d'un prince qui porta le nom d'Alexandre. Sa mère Olym-

pias, et Aridée son frère, vivaient encore, aussi bien qu'Eurydice sa belle-
sœur. Il mourut sans pourvoir à leur
établissement, et les laissa en proie à
l'ambition et à la jalousie des grands,
à qui il avait partagé son empire.

Dès que les premiers chefs de l'armée des Grecs eurent rendu à leur
maître les derniers devoirs, chacun
pensa sérieusement à ses intérêts. Dans
une conjoncture si critique, ils s'as-
semblèrent pour délibérer sur un successeur. Les plus puissans d'entre eux
avaient leurs vues, ou sur toute la succession ou sur une bonne partie, et n'ô-
sèrent se découvrir. La mort précoce
et trop imprévue de leur roi ne leur
avait pas laissé le temps de former leur
faction dans l'armée. Ils craignaient
que tous les autres ne se liguassent contre le premier qui se déclarerait. D'ailleurs, il restait d'Alexandre un fils et
un frère qui les embarrassaient. Ils sa-
vaient qu'Alexandre, en mourant, avait
remis à Perdiccas son anneau et son

sceau, et semblait par là lui avoir confié le dépôt de l'autorité souveraine, qu'on n'osait lui contester ouvertement.

Le pas était glissant ; les seigneurs grecs s'en tirèrent avec beaucoup de prudence. Le résultat de leurs conférences fut : 1° que Philippe Aridée, frère d'Alexandre, et déjà roi de Macédoine, serait son successeur.

Ce n'était pas se donner un souverain, mais une ombre de souverain, parce qu'Aridée était un prince très-infirme de corps, et plus faible d'esprit.

2° Que Perdiccas, en qualité de tuteur d'Aridée, resterait dépositaire de l'autorité suprême de l'empire; 3° que toute la monarchie serait partagée en grands gouvernemens, qui seraient confiés aux principaux seigneurs, avec un corps de troupes suffisant pour le défendre. Ce dernier article ôtait à Perdiccas ce qu'il paraissait avoir de plus par le précédent, et mettait toutes les forces de l'État entre les mains des gouverneurs, qui n'obéiraient au régent qu'autant de temps qu'il leur en faudrait pour s'ériger en souverains. C'était le but qu'ils se proposaient.

Suivant ce plan, Ptolomée Lagide, c'est-à-dire fils de Lagus, eut l'Égypte, l'Arabie, la Libye et la Judée; Antigon eut l'Asie jusqu'à l'Inde; Séleucus eut la Babylonie avec ses dépendances; Cassandre, la Grèce; Lysimaque, la Thrace, l'Asie-Mineure et le Pont. Tout ce qui était au-delà de l'Inde fut abandonné aux étrangers. Les officiers subalternes trouvèrent dans ces grands départemens de l'emploi et des récompenses.

A peine chacun s'était mis en possession de son gouvernement, que l'ambition, la jalousie, l'intrigue éclatèrent. Perdiccas portait ses vues plus loin que la régence, et aspirait à la monarchie universelle. Le titre de gouverneur ne contentait pas ceux qui le portaient : ils voulaient être rois de tous les pays qu'on leur avait soumis.

Ils en affectèrent l'indépendance sans
oser encore en prendre le nom. Le
régent ne fut pas long - temps à s'a-
percevoir que son autorité n'était point
respectée. Ptolomée était celui de tous
qui lui faisait plus d'ombrage. Perdiccas marcha avec toute son armée en
Égypte pour le soumettre ; mais son
armée, gagnée par l'argent et par les
promesses, ne fut pas plus tôt arrivée
en Égypte, qu'elle se révolta, massa-
cra Perdiccas (année 321), et se donna
à Ptolomée, qui, avec ce renfort,
s'empara de la Phénicie, de la Célésyrie et de la Palestine.

Le tombeau de Perdiccas fut celui
de l'autorité royale, et le signal de la
guerre civile. Tous les gouverneurs ar-
mèrent les uns contre les autres, et
allumèrent dans tout l'empire un in-
cendie qui dévora presque tous les
braves soldats et les officiers de l'in-
vincible armée d'Alexandre. La mémoire de ce grand conquérant fut si
peu respectée, que ceux mêmes qui lui

devaient tout égorgèrent impitoyablement sa mère, sa sœur, ses femmes,
ses fils, son frère, afin qu'il ne restât
personne de sa famille qui pût gêner
leur ambition. Enfin, las d'user, les
uns contre les autres, des forces qui
leur étaient nécessaires, ils convinrent, la douzième année depuis la
mort d'Alexandre, que chacun serait
roi dans son gouvernement, qu'il en
prendrait le nom et les ornemens. Dès
cette année (312) commença l'ère des
Séleucides en Asie, ou du royaume
des Grecs.

Séleucus agrandit considérablement
ses États, sur les débris de ceux d'Antigon. Celui-ci, peu content de la plus
belle portion de l'empire, croyait n'a-
voir rien, s'il n'avait le tout. Il entreprit la conquête du royaume d'Égypte,
avec deux puissantes armées, l'une de
terre, l'autre de mer, qui périrent
faute de vivres. Cette entreprise, ayant
découvert les projets de son ambition, arma contre lui Ptolomée, Sé-

leucus et Lysimaque. Leur armée, de quatre-vingt mille hommes et de cinq cents éléphans, en vint aux mains avec la sienne, qui n'était pas moins nombreuse. Il perdit la bataille, la vie et ses États, dont Séleucus se saisit (année 300). Il devint par là le plus puissant monarque des Grecs, et toute la monarchie d'Alexandre le Grand se trouva réduite à quatre royaumes, possédés par les Grecs : c'étaient ceux de Séleucus, en Asie ; de Ptolémée, en Égypte ; de Lysimaque, dans le Pont ; de Cassandre, en Grèce.

Démétrius Polycerte, fils d'Antigon, usurpa la couronne de Grèce sur les fils de Cassandre, et se crut assez fort pour recouvrer les États de son père. Il leva une armée de deux cent mille hommes de pied et de dix mille chevaux ; il équipa une flotte de cinquante voiles. Mais les rois confédérés qui avaient détrôné son père, le prévinrent, le battirent, lui enlevèrent tout ce qu'il possédait. Il fut contraint de se rendre à Séleucus, qui le relégua dans la Chersonèse, où, trois ans après, il finit ses jours. Antigon Gonatas, son fils, recouvra le royaume de Grèce, et sa postérité y régna jusqu'à Persée, dernier roi, sous qui la Grèce passa au pouvoir des Romains, l'an de Rome 588.

Lysimaque, roi de Thrace, du Pont et d'une partie de l'Asie-Mineure, se perdit, comme Antigon, en voulant étendre ses États. Après s'être emparé de la Macédoine, il vint fondre sur le royaume de Séleucus, qui remporta sur lui une victoire complète et lui ôta la vie. Sept mois après (année 281 avant Jésus-Christ), Séleucus fut assassiné par Ptolomée Philadelphe, second roi d'Égypte, et Antiochus Ier, son fils, lui succéda. Des débris des États de Lysimaque, se formèrent les royaumes de Pont, de Bithynie, du Bosphore, qui firent peu de bruit dans le monde, tandis que ceux d'Asie et d'Égypte jetèrent un très-grand éclat.

Ptoloméе II était amateur des sciences et le protecteur des gens de lettres. C'est lui qui composa cette bibliothèque magnifique, la plus célèbre dont l'histoire nous ait conservé le souvenir. Non moins brave que savant, Ptolomée fit la guerre avec gloire, d'abord en faveur des villes confédérées du Péloponèse, contre Antigon Gonatas, roi de Macédoine et de la meilleure partie de la Grèce, ensuite contre Antiochus Théos, fils d'Antiochus Soter, et petit - fils de Séleucus Nicator. Au mépris de son traité de paix avec l'Égypte, Soter y était entré et voulait s'en emparer. Philadelphe le força d'en sortir et lui ôta le pouvoir d'exécuter son dessein. Il passa en Asie et ravagea les États de Soter. Antiochus Théos continua la guerre que son père avait commencée ; mais, rebuté par ses pertes, il la termina enfin par son mariage avec Bérénice, fille du roi d'Égypte.

Théos était déjà marié avec Lao...

dont il avait eu seulement Séleucus Callinicus et Hyérax. Laodice et Bérénice furent aussitôt rivales qu'épouses du même roi, et aussitôt ennemies que rivales. Après la mort de Philadelphe, Laodice regagna le cœur de Théos, que Bérénice lui avait enlevé. Fière de sa conquête, elle ne voulut partager ni le lit ni la couronne de son époux avec sa rivale; et, pour ne point être exposée une seconde fois à ce partage, qu'elle avait sujet de craindre, dans les transports de sa jalousie, elle fit mourir le roi, son mari; Bérénice, sa femme; leurs enfans; et plaça sur le trône d'Asie Séleucus Callinicus, son fils.

L'affront d'un si noir attentat rejaillissait sur Ptolomée Évergète, roi d'Égypte, et frère de Bérénice; afin d'en tirer une vengeance éclatante, l'Égyptien entra avec toutes ses forces dans les États de Callinicus; il lui enleva la Syrie, la Célésyrie et la Judée. De là, pénétrant dans la grande Asie, il y porta le fer et le feu, la pilla et en remporta des richesses immenses. Dans le même temps, Arsace, Persan d'origine, s'empara de la Parthie, dont il chassa les troupes de Callinicus, et fonda le royaume des Parthes, qui dura jusqu'à deux cent vingt ans après Jésus-Christ. Eumène, roi de Pergame, en Phrygie, étendait au loin dans l'Asie-Mineure le royaume qu'avait fondé Phileterre, son père, intendant des trésors du roi Lysimaque ; et, pour comble de disgrâces, Hyérax disputait à son frère tout le royaume.

Callinicus, trop faible pour faire tête à tant d'ennemis à la fois, obtint du roi d'Égypte une suspension d'armes, en lui cédant toute la Syrie et la Palestine, et tourna toutes ses forces contre Hyérax, son frère. Les guerres des frères sont toujours les plus cruelles ; celle-ci ne se termina que par la mort de l'un et de l'autre. Tous les deux cherchaient à s'ôter la couronne et la vie ; tous les deux eurent le mal-

heur d'y réussir, et leurs États devin-
rent la proie des étrangers.

Séleucus Cérauns, fils de Callinicus,
succéda aux droits de l'un et de l'autre;
mais il vécut trop peu pour se faire
valoir. Ses droits passèrent à Antiochus,
son frère. Il n'était pas en âge de régner,
et trois années de minorité qu'il fallut
essuyer sous une régence attentive à
le dépouiller, mit le sceau au désastre
de ses affaires.

Ptolomée, surnommé par ironie
Philopator, était monté sur le trône
d'Égypte (année 219) par le meurtre
d'Évergète, son père; de sa mère et
de ses frères; lorsque Antiochus, devenu majeur, commençait à gouverner
par lui-même un squelette de royaume.
Un roi capable de se mettre à la tête
de ses conseils et de ses armées, trouve
de grandes ressources. Dès qu'on vit
le jeune Antiochus dans ces dispositions, il ne manqua ni d'argent, ni de
troupes, ni de bons conseils. Il conduisit d'abord ses armées contre les

usurpateurs de ses provinces. Une seule victoire lui rendit la Perse et la Médie. Une seconde lui valut l'hommage des autres rebelles; mais un projet plus important l'occupait : c'était la conquête de l'Égypte, que l'indolence et la mollesse de l'efféminé Philopator semblaient lui offrir. Celui-ci trouva le secret de l'amuser, en lui prodiguant des offres et des promesses d'autant plus magnifiques, qu'il ne voulait lui rien donner; et cependant il tira secrètement de Grèce une puissante armée, et s'avança jusqu'en Phénicie.

Antiochus, outré d'avoir été la dupe des négociations, crut que l'épée lui serait plus favorable. Il avait une armée de quatre-vingt mille hommes, et de soixante-dix éléphans; la partie était égale de ce côté-là. Il enfonça l'aile gauche des Égyptiens. La droite fit plus de résistance; elle le repoussa avec tant de vigueur qu'elle le rompit, et remporta sur lui une victoire com-

plète, suivie du recouvrement de tout
le pays qu'il avait conquis.

Content de ce succès, Philopator
reprit le chemin de sa capitale et se
replongea dans la mollesse et la débauche; mais Antiochus attentif profita
de l'inaction de son rival, recouvra la
Bactriane et l'Asie orientale jusqu'à
l'Inde, enfin reprit le dessein de conquérir l'Égypte après la mort de Philopator, qui ne laissait sur son trône
chancelant qu'un fils âgé de cinq ans.

Un roi enfant et son État tranquille
sont un phénomène bien rare. L'É-
gypte, dechirée au dedans par de puissantes factions, fut attaquée par Antiochus, ligué avec Philippe, roi de
Macédoine. Dès la première campagne,
elle perdit la Syrie, la Phénicie, la
Judée, l'Idumée. Heureusement elle
avait mis le jeune roi sous la protection des Romains, déjà accoutumés à
parler aux monarques comme à leurs
inférieurs, et ceux-ci sommèrent Antiochus de rentrer dans ses États. Sur son

refus, ils tombèrent d'abord sur Philippe, défirent son armée, et, en quatre campagnes, le forcèrent de se détacher d'Antiochus et de se contenter de la Macédoine.

La nouvelle de ce qui se passait en Grèce engagea le roi Antiochus à se reconcilier avec le roi d'Égypte. Il lui donna sa fille Cléopâtre en mariage, et pour sa dot la Syrie, la Phénicie, la Judée qu'il avait prise sur les Égyptiens; mais il n'abandonna pas Philippe, son allié. Il fit passer en Grèce une armée de terre et une de mer, pour le rétablir dans tous ses domaines. Ses deux armées furent battues; et, la campagne suivante, le roi ayant donné le commandement de sa flotte à Annibal, et lui-même s'étant mis à la tête de son armée de terre plus nombreuse que la campagne précédente, la flotte asiatique fut vaincue et l'armée de terre fut de nouveau taillée en pièces, près du mont Ossa en Thessalie. Cinquante-quatre mille hommes restèrent sur le champ de bataille. Cette victoire fut l'œuvre du grand Scipion, le vainqueur de Carthage.

Antiochus, désarmé par tant de disgrâces, demanda la paix; on la lui vendit cher. Les principales conditions furent qu'il paierait tous les frais de la guerre, selon l'estimation faite par les vainqueurs; qu'il livrerait tous ses vaisseaux, et qu'il céderait toute l'Asie-Mineure jusqu'au mont Taurus. Les deux dernières conditions furent exécutées sans délai. Le premier article du traité était plus difficile à remplir. Antiochus avait épuisé ses finances et ses États par ses grands armemens. Il donna en ôtage son fils aîné, Antiochus Épiphane, et obtint du temps. Pour faire de l'argent, il s'avisa d'aller piller le temple de Bélus en Suziane. Il y avait des richesses immenses ; mais les gens du pays les défendirent avec tant de chaleur, qu'ils tuèrent leur roi.

Le sort de la Grèce ne fut pas plus heureux que celui de l'Asie. Après la mort de Philippe, Persée, sou fils, s'était ligué contre Rome avec divers peuples de ce pays. Le premier combat lui fut favorable, le second lui devint funeste. Il y perdit vingt mille hommes tués, onze mille prisonniers, ses États, sa liberté et celle de ses deux fils, Philippe et Alexandre. Il y avait neuf cent quarante-six ans que subsistait la monarchie de la Macédoine, et cent cinquante-huit ans depuis la mort d'Alexandre le Grand.

Il ne restait plus de libre, en Grèce, que la république des Achéens dans le Péloponèse. Depuis la paix d'Asie, elle n'avait donné aucune prise à Rome; mais Rome s'en défiait, et entreprit de rompre les nœuds qui unissaient les membres de ce corps. Les Achéens s'y opposèrent, prirent les armes, furent vaincus et vendus à l'encan. Corinthe osa soutenir un siége; elle fut brûlée, et il sortit de ses cendres ce fameux airain de Corinthe, composé d'or, d'argent et d'airain fondus ensemble. Avec les Achéens, toute la Grèce passa sous le joug, et fut réduite en province romaine.

Ptolomée Philométor avait succédé, en Égypte, à la couronne de son père. Il était encore mineur, lorsque Antiochus Épiphane, qui s'était sauvé de Rome, où il était en ôtage, rentra en Syrie, et le peuple le reconnut pour roi. En qualité d'oncle du jeune Ptolomée Philométor et de plus proche parent, il revendiqua la régence et s'en empara à main armée. Il épuisa d'or et d'argent les États de son pupille, et reporta en Syrie les richesses de l'Égypte. Avec ce secours, il raccommoda ses affaires, qui étaient extrêmement délabrées, et paya les Romains. Peu de temps après, il eut avis que les Égyptiens avaient détrôné leur roi, et lui avaient substitué Évergète, son frère. Il rentra en Égypte, en chassa l'usurpateur, la rendit à Philométor, mais bien défigurée par les ravages et les concussions. Dès qu'il en eut retiré ses troupes, les deux frères, touchés de la déprédation de leur patrimoine, et convaincus que leur division ne servait qu'à nourrir, à leurs dépens, l'insatiable avarice de leur oncle, s'accordèrent ensemble sans sa participation, et se partagèrent le royaume.

Épiphane en fut vivement piqué. Il arma contre eux par terre et par mer; il les battit, dépouilla de son royaume Philométor, qui se réfugia auprès de son frère à Alexandrie, les y assiégea tous les deux, et en pressait encore le siége, lorsque Popilius lui signifia, de la part du sénat romain, qu'il eût à retirer ses troupes d'Égypte et à laisser en paix les deux Ptolomée, amis et alliés de Rome. Antiochus Épiphane n'avait pas oublié ce qu'il en avait coûté à son père, pour avoir méprisé une pareille sommation. Il sortit d'Égypte, reprit la route de ses États, et mourut peu de temps après.

Antiochus Eupator, fils et successeur d'Épiphane, ne régna que deux ans. Son cousin, Démétrius Soter, fils de Séleucus Philopator, s'échappa de Rome, où il était retenu en ôtage, reparut en Syrie, fut porté sur le trône par les vœux unanimes des Syriens, et, pour s'en assurer la possession, il fit mourir Eupator avec Lysias, son tuteur.

Plein de confiance en ses forces, il entreprit de soumettre la Judée ; mais Jonathas ayant joint ses forces à celles d'Alexandre Bala, fils d'Épiphane, ils menèrent si mal Démétrius, qu'ils lui ôtèrent la couronne, le chassèrent d'Asie et le firent mourir.

Démétrius second était fils du premier. Aidé du roi d'Égypte, il vengea la mort de son père ; il remporta une victoire complète sur Alexandre Bala ; il le contraignit de se sauver en Arabie, où il eut la tête tranchée. Cette victoire donna la couronne de Syrie à Démétrius II, et ôta celle d'Égypte à Philométor, son allié, qui mourut des

blessures qu'il avait reçues à la bataille.

Ptolomée Évergète recueillit la succession de son frère Philométor. Il y
avait dix-sept ans que, par l'entremise
des Romains, ils s'étaient partagé le
royaume d'Égypte; il se trouva réuni
en la personne d'Évergète. Jamais on
ne vit un prince plus difforme de
corps; il avait l'âme encore plus mal
faite. La débauche et la cruauté en
étaient les deux passions dominantes.
Il avait épousé sa sœur Cléopâtre,
veuve de Ptolomée Philométor. Ce
n'était point alors un crime en Égypte;
mais c'en était un d'outrager sa femme
et sa sœur par un honteux concubi-
nage, et de noyer tous les jours sa raison dans le vin. Dès le premier jour
de ses noces, il égorgea entre les bras
de Cléopâtre un fils qu'elle avait eu
d'un premier lit. Comme il épargnait
encore moins ses sujets, ils le réléguè-
rent en Chypre. Il se persuada que
Cléopâtre était entrée dans la conspi-

ration; il ne se trompait pas. Pour s'en venger d'une manière conforme à son génie, il mit en pièces un fils qu'il avait eu de Cléopâtre, et le lui envoya en cet état, avec la tête entière dans une boîte.

Pendant les troubles domestiques de l'Égypte, Antiochus Bala, fils d'Alexandre Bala, aborda en Syrie, avec Triphon, son tuteur, et enleva à Démétrius II une bonne partie de ses États. Pour surcroît de malheur, Démétrius fut vaincu par les Parthes, et fait prisonnier.

Le perfide Triphon succomba à la tentation d'ôter la vie et la couronne à son pupille. Jamais il ne fut un moment paisible possesseur du fruit de son crime. Cléopâtre, femme de Démétrius second, appela à son secours Antiochus Sédète, frère de son mari, qu'elle laissait dans les fers des Parthes. Elle l'épousa, et partagea le trône avec lui. C'est cet Antiochus qui poursuivit vivement l'usurpateur Tri-

phon. Il le prit enfin, et en tira le châ-
timent que méritait l'atrocité de son
crime.

Sédète craignait que Démétrius, son
frère, ne s'accommodât avec les Parthes, et qu'aidé de leurs troupes, il ne
rentrât en Syrie. Pour prévenir ce
coup, il imagina qu'il fallait s'assurer
de sa personne, et qu'en le redeman-
dant à main armée, les Parthes ne le
lui refuseraient pas. Leur roi, Phraate,
refusa fièrement de lui remettre son
prisonnier. Il vint à la rencontre de
Sédète, lui livra bataille, le défit, lui
ôta la vie, et rétablit Démétrius sur le
trône de Syrie, au moyen d'une gros-
se rançon.

Ce Démétrius, surnommé *Nicanor,*
s'était rendu très-odieux à ses sujets,
par l'énormité de ses exactions et de
ses cruautés. Il rentra dans ses États,
aussi tyran qu'il en était sorti, et la
haine qu'on lui portait monta à son
comble. Ses sujets se révoltèrent; ils
demandèrent aux Égyptiens Zébina,

pour le porter sur le trône de Syrie. Alexandre Zébina était un prince de la tige des Séleucides. Il composa avec le roi d'Égypte, qui lui donna une armée avec laquelle il défit celle de Démétrius, et se fit proclamer roi de Syrie. Dépouillé pour la seconde fois de la couronne, errant et fugitif, Démétrius réclame vivement le bras et la fidélité de ses sujets. Ils l'avaient craint dans sa puissance, ils le méprisèrent et lui insultèrent dans ses malheurs. Il se présenta devant la ville de Ptolémaïde, et sa femme Cléopâtre, qui s'y était retirée après la mort de Sédète, lui en fit fermer les portes. Toujours poursuivi et sans asile au milieu de ses États, il se sauva à Tyr. Il y fut arrêté et mis à mort. Il ne dut ses malheurs qu'à ses crimes. Jamais prince ne fut moins regretté, et ne mérita moins de l'être.

Les Syriens s'étaient servis de Zébina pour se défaire d'un mauvais roi, et s'intéressèrent fort peu à le conserver. Les Égyptiens mêmes, qui l'avaient porté sur le trône, aidèrent à l'en faire descendre. Démétrius avait laissé un fils nommé Gripus, ou Griphus ; il gagna Évergète, roi d'Égypte, son beau-père. Il en reçut de bonnes troupes, avec lesquelles il défit Zébina, le tua, et se mit en possession du royaume de ses pères. Son règne fut de vingt-neuf ans, et assez paisible ; mais il fut pour la Syrie le dernier des beaux règnes.

En mourant il laissa quatre fils : Séleucus, Antiochus, Philippe et Denys. Il laissa encore un parent, nommé Antiochus Cyzicénus, qui avait pour fils Antiochus le Pieux. Tous ces princes aspiraient au trône, et ne mesuraient leur droit que sur le pouvoir d'y monter par quelque voie que ce fût. La discorde suivit de près de si injustes et de si violentes dispositions ; elle enfanta les crimes les plus noirs, et renversa le trône qu'elle promettait.

En Égypte, Ptolomée Évergète,

s'étant réconcilié avec Cléopâtre, sa femme, avait été rappelé de son exil, et avait laissé, à sa mort, Cléopâtre dépositaire du sceptre, avec pouvoir de s'associer au trône celui de ses fils qu'elle voudrait. La reine se décida, selon ses inclinations, pour Alexandre; Ptolomée Lathure ou Soter, l'aîné, porta ses plaintes aux Romains. Le sénat jugea que le droit et le mérite étaient du côté de l'aîné, qui valait beaucoup mieux que son cadet, et il obligea Cléopâtre à lui rendre justice.

Cléopâtre dissimula son ressentiment assez long-temps, faute d'occasion favorable. Enfin l'aîné fut détrôné et s'estima heureux de vivre. Alexandre fut mis à sa place. Il reçut avec plaisir la couronne des mains de Cléopâtre; mais l'humeur altière et dominante de sa mère lui faisait ombrage. Il craignait le sort de son frère, et fit assassiner sa mère et sa bienfaitrice. Ingrat et parricide, il ne fut plus qu'un objet d'horreur pour l'Égypte; elle précipita du trône l'assassin , et rétablit Lathure, qui régna encore huit ans.

Il fut d'abord tranquille spectateur des scènes tragiques que donnaient les frères ennemis du royaume de Syrie, ensuite il y prit part. Séleucus VI était l'aîné, et, selon la loi du royaume, l'héritier de la couronne. Antiochus Cyzicénus , son oncle, la lui enleva , mais il ne la porta pas long-temps; Séleucus le fit assassiner et monta sur le trône. Antiochus avait laissé un fils de même nom que lui. Résolu de venger la mort de son père , il souleva les Syriens contre Séleucus, il le détrôna et le fit mourir. Ce fut encore par ses ordres qu'Antiochus IX , second fils de Gripus, perdit la vie. Des quatre frères, il ne restait plus que Philippe et Denys ; mais ils étaient armés l'un contre l'autre , et acharnés à leur perte réciproque. Ptolomée Lathure, roi d'Égypte, se déclara en faveur de Denys , et le mit en possession d'une partie du royaume, sans pouvoir éteindre le feu de la guerre civile.

Les Syriens, désolés et ruinés par les brigandages qu'exerçaient partout les troupes des concurrens, s'accordèrent à offrir la couronne de Syrie à Tygrane, roi d'Arménie. Ce prince était puissant. Les forces de son royaume, ses grandes alliances, ses richesses, le mettaient en état de l'accepter et de se la conserver. Il s'en mit en possession et la porta paisiblement pendant quatorze ans.

Ce calme était fort opposé aux vues des Romains sur le royaume de Syrie. Ils comptaient que la discorde des frères le ferait tomber en leur pouvoir, et ne voyaient qu'avec jalousie le bonheur de Tygrane, qui déconcertait leur politique. Ils lui déclarèrent la guerre, sous prétexte de remettre la famille royale sur le trône. Lucullus, leur général, vainquit Tygrane, le chassa de Syrie et en donna le royaume à Antiochus le Pieux, par provision seulement, et en attendant que le sénat de Rome examinât le droit des parties intéressées.

Deux ans après que Lucullus eut donné un roi aux Syriens, Pompée le Grand vint en Asie, en qualité de généralissime des armées romaines. Il se constitua juge entre tous les prétendans; il les assembla pour terminer, disait-il, leur différend à l'amiable. Il les vit si animés l'un contre l'autre, si déterminés à régner ou à périr, si obstinés à ne rien relâcher de leur droit présumé, que, pour leur ôter tout sujet de jalousie, de querelle et de guerre, il les priva tous du royaume, et l'adjugea au peuple romain. Quelque injuste que fût son arrêt, le sénat le ratifia et il fut sans appel, parce qu'il était fondé sur la loi du plus fort. Pompée le mit lui-même en exécution, et prit possession de tout l'État au nom de Rome.

Ce dénouement termina toutes les contestations. La monarchie des Séleucides y trouva sa fin l'an deux cent quarante-septième depuis sa fondation ; de Rome, la six cent quatre-vingt-huitième ; la soixante-troisième avant l'ère chrétienne.

Pendant les troubles de Syrie, l'Égypte n'était pas tranquille. Elle avait chassé du trône Alexandre le parricide, comme nous l'avons dit ; elle avait rétabli Lathure ; mais à sa mort, elle refusa de couronner Alexandre II, fils du premier, dont la mémoire était odieuse à toute la nation. Alexandre II gagna les Romains à force d'argent, et Sylla, leur général, le fit proclamer roi, malgré les Égyptiens. Ils en furent si choqués, qu'ils lui ôtèrent la couronne deux ans après, et le chassèrent d'Égypte. Il se retira à Tyr, où il mourut. Par son testament, il légua ses États au peuple romain.

Ptolomée, surnommé *Aulète* parce qu'il aimait à jouer de la flûte, était fils naturel de Ptolomée-Lathure. Il savait les dispositions testamentaires d'Alexandre II, en faveur des Romains ;

mais il avait un puissant parti dans le royaume, et beaucoup d'argent à répandre dans Rome, en un temps où l'argent y faisait tout, et où l'on disait que Rome même était à vendre, et ne manquait que d'acheteur. Les présens d'Aulète y furent très-bien reçus, et l'on y jugea qu'une couronne qu'il avait si bien payée lui appartenait.

Aulète, persuadé qu'il ne pourrait même se maintenir sur le trône que par la voie qu'il y était monté, surchargea ses peuples d'impositions. Ils poussèrent de grands cris, il les laissa crier; mais ceux-ci le chassèrent du royaume. Les Romains le rétablirent sur son trône trois ans après son expulsion. Son premier exploit, en prenant possession de ses États, fut de faire mourir sa fille Bérénice, qui avait gouverné pendant son absence, et qui s'était opposée à son retour. Aulète régna tranquillement jusqu'en l'an 703 de Rome. Il laissa un fils, nommé Denys, et une fille, appelée Cléopâtre. Il les maria pour les faire régner ensemble. Il avait un second fils, qui, dans la suite, succéda au premier.

Denys et Cléopâtre succédèrent conjointement à leur père. Le premier jour de leur règne fut le dernier de leur union. Cléopâtre était la plus belle personne de son siècle. Aux grâces de sa figure, elle joignait des manières galantes, un esprit délié, artificieux, persuasif, mais altier, et toujours prêt à tout sacrifier à la passion de dominer. Par malheur pour elle, Denys était encore plus haut qu'elle et plus jaloux de l'autorité solitaire du trône. Une femme rivale lui déplut, il la chassa. La reine, outrée de l'affront, réclama ses droits, intéressa une bonne partie de l'Égypte dans sa querelle, et déclara la guerre à son frère. Ils étaient encore en armes, lorsque Pompée, vaincu à Pharsale par Jules César, se sauva en Égypte. C'est lui qui avait fait rétablir Aulète sur le trône. Il l'avait pris et toute sa famille sous sa protection, et comptait trouver en Denys un client reconnaissant et un véritable ami.

Denys, informé de son arrivée et de l'événement de Pharsale, fut d'abord embarrassé au sujet du parti qu'il prendrait dans une conjoncture si intéressante. Denys craignit qu'en recevant un si grand bienfaiteur dans ses États, il n'y reçût un maître, et n'y attirât le vainqueur aux risques de sa couronne. La politique l'emporta sur les droits de l'hospitalité et de la gratitude. Il sacrifia son protecteur à des vues d'intérêt, et lui fit trancher la tête pour s'en faire un mérite auprès du vainqueur de Pharsale. On raconte que César s'écria en voyant la tête ensanglantée de Pompée : « Malheu- « reux, vous avez assassiné le plus grand « des hommes, et m'avez ravi le plaisir « de rentrer dans Rome avec lui, sur « le même char de triomphe. »

Denys, se voyant si mal payé à son gré d'une action qu'il regardait comme un service essentiel, craignit plus de l'arrivée de César qu'il n'avait appréhendé de celle de son rival, et pensa dès-lors à s'en défaire pareillement. Ce qui acheva de le décider fut la faveur où il vit Cléopâtre auprès du général romain. Il est vrai que ce héros, qui n'avait qu'à paraître pour vaincre des armées, fut vaincu à la première vue de Cléopâtre, et en eut un fils, nommé Césarion. Il la remit sur le trône avec son frère, et ordonna à ce dernier de vivre avec elle en bonne intelligence.

Bientôt César apprit que le meurtrier de Pompée en voulait aussi à sa vie. On courut aux armes de part et d'autre; le Romain battit l'Égyptien par terre et par mer. Denys se noya dans le dernier combat, et César donna sa couronne à Cléopâtre pour prix de ses amours. Elle s'associa au trône le jeune Ptolomée, son frère, treizième et dernier du nom.

Après la mort de Jules César, assassiné en plein sénat, Octave César, son petit-neveu et son fils adoptif, partagea l'empire romain avec Marc Antoine. Ce dernier en eut la partie orientale. Il fit un crime à Cléopâtre d'avoir été opposée à ses intérêts, pendant la guerre civile, et se préparait à l'en punir. Elle le prévint et alla le chercher à Edesse, comptant, avec raison, sur ses charmes. Sa beauté fit son apologie, et Antoine cessa de la croire coupable dès qu'il l'eut entendue plaider elle-même sa cause. Antoine mit son bonheur à la posséder.

L'impérieuse Cléopâtre exigea de lui un grand sacrifice; ce fut de répudier sa femme Octavie, sœur d'Octave César. Octave, sensible à l'affront fait à sa sœur, déclara la guerre à Antoine et à Cléopâtre. Un seul combat naval, donné près d'Actium, promontoire d'Épire, où l'on a bâti Nicopolis, vida la querelle. Les vainqueurs arrivèrent presque aussitôt en Égypte que les vaincus. Antoine et Cléopâtre envoyèrent demander la paix à Octave : il la fit promettre secrètement à Cléopâtre, à condition qu'elle ferait mourir Antoine.

La reine d'Égypte s'imagina que ses charmes pouvaient triompher d'Octave comme de Jules César et d'Antoine, et la rendre par là maîtresse de l'univers. Il paraît qu'elle prit le parti de réduire Antoine aux abois, et de le mettre dans la nécessité de se donner la mort ou de se rendre à son ennemi, qui en aurait disposé à son gré. Elle entretint de secrètes intelligences avec César, depuis surnommé *Auguste*. Elle lui livra sous main Péluse et Alexandrie, les deux clefs de l'Égypte.

Antoine n'eut pas le moindre soupçon de la trahison de sa femme ; mais, ne voyant plus de jour à un accommodement, il ramassa tout ce qu'il put de troupes et tomba brusquement sur l'armée d'Octave. Il en renversa la cavalerie ; mais l'infanterie égyptienne ayant été mise en déroute, il céda la victoire. Il avait encore une ressource dans sa flotte, et comptait échapper à son ennemi par cette voie. Cléopâtre, qui le craignait, envoya des ordres secrets à son amiral, de livrer la flotte à Octave. Dès qu'elle apprit l'exécution de ses ordres, elle fit dire à Antoine que tout était perdu, qu'on ne pouvait survivre à sa disgrâce, qu'elle s'était retirée dans un tombeau et s'y était donné la mort.

Antoine n'en douta point, et, désespérant d'échapper à son vainqueur, il ne voulut point céder en courage à sa femme. Il se perça le corps de son épée, et fut porté plus qu'à demi mort dans l'appartement de Cléopâtre. Avertie de ce tragique événement, la perfide Égyptienne y accourut, en jetant de grands cris de douleur. Antoine la reconnut, et, dans un dernier effort qu'il fit pour l'embrasser, il expira.

Sur-le-champ Cléopâtre en envoya porter la nouvelle à César, et fit bien valoir le sacrifice qu'elle lui avait fait.

TABLE DES MATIÈRES.

PREMIÈRE PARTIE.

Astronomie, Ire Partie.   a

FIN DE LA TABLE.

TABLE DES MATIÈRES.

DEUXIÈME PARTIE.

FIN DE LA TABLE.

Peu d'heures après, parée de tous ses charmes, elle alla se jeter à ses pieds, et mit tout en œuvre pour le gagner. César dédaigna les restes d'Antoine, et ne les jugea propres qu'à donner de l'éclat à son triomphe. Cependant il la releva, la consola, lui promit qu'aucun mal ne lui serait fait, et lui donna des gardes, moins par honneur que pour s'assurer de sa personne. Déchue des espérances dont son ambition l'avait flattée, elle comprit qu'on la réservait pour l'attacher au char de triomphe de son vainqueur. Cette idée révolta si fort son âme altière, que, se dérobant à la vigilance de ses gardes, elle se donna la mort par la morsure d'un aspic, qu'elle tenait prêt à tout événement.

César ne regretta en elle que le plus bel ornement de son triomphe. Il la fit ensevelir dans le tombeau d'Antoine. Il réunit à l'empire romain tout le royaume d'Égypte, et tout ce qui avait été sous la domination d'Antoine, depuis la Grèce jusqu'à l'Euphrate. Cette réunion fut le dernier coup porté à la monarchie des Grecs, qui ne se soutenaient plus en Égypte à l'époque mémorable de la monarchie universelle des Romains. Ce grand événement arriva l'an sept cent vingt - quatrième de Rome, et vingt-sept années avant la naissance de Jésus-Christ.

FIN.

CONDITIONS

DE LA SOUSCRIPTION.

LA BIBLIOTHÈQUE ÉCONOMIQUE ET POR-
TATIVE formera *cinquante volumes*, qui
seront *publiés* séparément *et très-exac-
tement* de huitaine en huitaine.

Le prix de chaque volume, de 130 *pages* environ (*équivalent à 250 pages
du format in-18*), est fixé à 50 *centimes*
pour les souscripteurs à la collection
entière.

Chaque volume vendu séparément
coûtera 60 *centimes*.

Les personnes qui ne se seront pas
fait inscrire pour la *Collection* avant
la mise en vente de la 15e livraison,
paieront les volumes à raison de 60 c.,
et séparément, 75 c.

Les volumes pour l'intelligence des-
quels des planches gravées sont nécessaires, seront portés à 70 c. pour
les souscripteurs, et à 85 c. pour les
non-souscripteurs.

Les treize premières livraisons sont
en vente.

———

(*On ne paie rien d'avance.*)

Tous les manuscrits étant d'avance
entre les mains de l'Éditeur, les souscripteurs à la collection n'éprouveront
aucun retard.

———

On souscrit

A PARIS,

AU PALAIS-ROYAL,

CHEZ DAUTHEREAU,

A LA LIBRAIRIE AU RABAIS,

Grande cour du Palais-Royal, côté du Théâtre-
Français.